Miguel Sanfiel

UNA NOTA NECESARIA

Comencé a escribir este libro a finales del 2004, razón por la cual el lector puede encontrar alguna información que, en el presente, haya sufrido cambios sustanciales, como ha ocurrido, por ejemplo, con la posibilidad de entrar y salir de la isla los cubanos que residen en ella.

Ruego al lector que mantenga esto en mente a través de la lectura de todos volúmenes.

Gracias.
El Editor.

CUBA
EL LEGADO DE
FIDEL CASTRO

VOLUMEN VI

Publicado por
D'Har Services
Editorial Arte en Diseño
Global
P.O. Box 290
Yelm, WA 98597
www.dharservices.com
info@dharservices.com
dharservices@gmail.com

ISBN–13: 978–15447338246
ISBN–10:1544738242

VOLUMEN VI

Publicado e impreso en Estados Unidos

DEDICATORIA-AGRADECIMIENTO

► *A todos y cada uno de los que colaboraron en este libro, concediéndome entrevistas o facilitándome artículos ya escritos con anterioridad.*

► *A todas las mujeres y los hombres dignos del mundo, muy especialmente a los que en Cuba han sufrido, por décadas, la furia de ese torbellino destructor y maligno conocido como la Revolución cubana.*

► *A Martín R. Miranda, por su invaluable ayuda en la revisión del material de este libro.*

Los enemigos de los pueblos, gustan de los ciudadanos que piensan sólo en sí mismos; porque éstos, a la corta o a la larga, de una manera o de otra, se le vuelven siempre aliados. −M.S.

ÍNDICE

VOLUMEN VI

INTRODUCCIÓN GENERAL

Comienzo diciendo que para mí, este libro es "sagrado", como es sagrada la verdad. El hombre, el escritor, el patriota que se vale de mentiras para conseguir un fin supuestamente bueno, deja incrustado en lo más recóndito de su obra un germen terrible que más tarde o más temprano ha de sembrar, como gusano horrendo, cientos y miles de sus descendientes que enfermarán el fruto de esa obra.

En este libro no hay ni siquiera exageraciones. Si de algo peca es de ser demasiado conservador; y se ha hecho así para que el lector, horrorizado, no tome esto como obra de ficción o fabricación absurda contra el enemigo poderoso, y lo deseche.

El medio ambiente económico y social de Cuba está tan deteriorado, que hasta los que conocemos sus interioridades a veces llenamos de interrogaciones las noticias que nos llegan, e interiormente nos preguntamos: "¿será posible esto? ¿Cómo puede un pueblo soportar tanto oprobio? Mas, la respuesta llega como rauda paloma mensajera con la respuesta hedionda: "Ahí están los balseros; ahí están los miles de presos; ahí están cientos de miles de cubanos buscando desesperados la rendija por donde colarse hacia el extranjero; ahí están los que se suicidan; ahí están los que apelan al alcohol o las drogas para escapar de la realidad insoportable…

¡Cuba! ¡Cuba!…sería imposible intentar resumir, aun someramente en un libro, los antecedentes de la Revolución cubana, los preparativos para la lucha armada; la consolidación de los insurgentes en las montañas; el apoyo que recibió Fidel Castro por sus seguidores urbanos y el periodismo izquierdista extranjero; el triunfo castrista; las incontables episodios del principio de la Revolución; los pioneros en la lucha en contra de Castro; el comienzo y la perpetuación de la emigración; la invasión de Girón; la participación de la Unión Soviética en el afianzamiento del régimen castrista en Cuba; los miles de fusilamientos; la creación de los CDR (Comités de Defensa de la Revolución); las UMAPs (Unidades Militares de Ayuda a la Producción), la multiplicación de las cárceles; la disidencia-oposición en Cuba; la lucha del Exilio cubano en Miami, otras partes de Estados Unidos y el mundo; las aventuras abiertas y encubiertas de Castro en la política mundial; la vigilancia perpetua; la depauperación de la ciudadanía; el encarcelamiento y hasta el fusilamiento de los más cercanos colaboradores del tirano; las relaciones cubano-americanas rotas por más de diez lustros; los éxodos masivos; el fenómeno de los balseros; la alianza Castro-Chávez, etc. etc.

Por esa razón el autor decidió tratar solo los temas más sobresalientes que den al lector cubano, o de otras tierras, una interesante -aunque apretada exposición- de lo que, a su juicio, tiene gran importancia para adquirir una visión global y verídica de esa anómala ecuación llamada "la Revolución cubana".

Este libro está formado por decenas y decenas de entrevistas, obtenidas personalmente por el autor, con algunas excepciones: personas que residen en Cuba, fuera de Miami, o ya tenían un artículo escrito sobre el tema escogido. Los participantes fueron seleccionados basado en la experiencia académica o personal que el individuo tenía en esa área.

Como es natural, los colaboradores fueron informados del propósito general del libro y el título o tema de cada capítulo, pero era imposible comunicarle a cada uno de ellos los detalles. Consecuentemente, los entrevistados no tuvieron la oportunidad de saber el contenido específico de otros capítulos que no fuera el suyo propio.

Es necesario decir esto, para que el lector no establezca una conexión entre lo que dice un expositor y lo que expresa el otro, pues tal conexión no existe, y por lo tanto, al no haberla tampoco hay responsabilidad por la exposición de criterios o hechos que relaten los demás colaboradores en relación a cada uno de ellos.

El autor asume y confía que toda la información contenida en este libro es fidedigna, pero debe aclarar que no está rigurosamente verificada, y por lo tanto, puede existir la posibilidad hipotética de que en algún caso haya inexactitudes, que habrían sido causadas –si existieran- por el hecho de que las entrevistas fueron logradas en ciertas ocasiones, en lugares públicos y sin que el entrevistado tuviera acceso en ese momento a apuntes, recordatorios, etc.

El propósito de este libro es, como ya he expresado, darle al lector la oportunidad de tener en sólo nueve volúmenes - aunque lógicamente de una manera muy sucinta- lo que tomaría cuarenta o cincuenta extensos libros. Este libro tiene también la ventaja de que contiene el estilo de decenas de escritores, educadores, y protagonistas de hechos históricos.

No podría enfatizar demasiado el hecho de que al haber tanta diversidad de autores, casi necesariamente, tiene que haber contraposición de la visión política de algunos de ellos en relación al otro autor, y viceversa.

Esto no debe ser para ellos o para mí, motivo de desasosiego, pues no se ha tratado aquí de unir una masa homogénea de personalidades, si no -como he dicho anteriormente- de presentar hechos históricos innegables, aunque como el proverbial ejemplo, pueda decirse que en un grupo de diez testigos, hay diez diferentes detalles de cómo sucedieron las cosas.

A modo de ejemplo actual puedo citar el hecho del cual tengo conocimiento: algunos de los colaboradores de este libro apoyan la gestión que en Cuba hace el Ing. Oswaldo Payá Sardiñas, mientras que otros, se inclinan por Marta Beatriz Roque Cabello; otros que apoyan a ambos; otros creen en la lucha armada, etc. hecho éste que no me preocupa o incomoda, pues este libro "expone" el legado de Fidel Castro. No es un libro de "análisis", sino de "narración". Por esa razón es que generalmente no hemos introducido bibliografías.

Otro factor a tomar en consideración es que este libro se comenzó a finales del 2004, y va a ser editado a mediado del 2017, por lo tanto, hay algunas cosas que pueden haber cambiado desde entonces. Eso, el lector debe mantenerlo en mente. De todos modos, lo que se dice aquí es historia, y como historia, aunque haya cambiado, es provechoso saberlo. Un ejemplo es el siguiente: hasta hace un par de años el ciudadano cubano estaba virtualmente preso, porque las únicas salidas que se permitían era a través de invitaciones de familiares que vivían fuera del país. Eso hoy día está cancelado -con algunas restricciones para connotados opositores o personas que están con licencia extra penal, como Marta Beatriz Roque, Oscar Elías Biscet, y otros-.

Este libro no fue concebido como una empresa de lucro, sino que es mi humilde contribución a la causa de aquellos que dieron, o están dando sus mejores años, su libertad, su bienestar, ¡y hasta su vida! por la patria que el sacrificio de nuestros antecesores nos legó, y que disfrutamos, con altas y bajas, hasta que un monstruo disfrazado de libertador se apoderó de ella, como los esclavistas se apoderaron de cientos de miles de desafortunados africanos a quienes trajeron a nuestro continente para hacerlos trabajar, y abusar de ellos, como si verdaderamente hubieran sido propiedad inerte y no seres humanos con las mismas emociones, los mismos deseos, la misma sensibilidad física y emocional que ellos.

Gracias a Dios en Cuba se abolió la esclavitud desde el siglo XIX, sin embargo, hoy en el siglo XXI, este esclavista mayor, que no se conformó con llegar a ser la primera figura de un Gobierno que conquistó por las armas, y lo ha mantenido por ellas, sino que quiso perpetuarse indefinidamente, y ha hecho y ha deshecho como dueño absoluto, no sólo de las haciendas, sino de las vidas y los destinos de todo un pueblo. ¡Cuántos suicidados! ¡Cuántos fusilados! ¡Cuántos tragados por las aguas profundas del estrecho de Florida y el golfo de Méjico, en su intento de llegar a tierras de libertad! ¡Cuántas familias separadas y destruidas! -porque la distancia es mala consejera- ¡Cuántas madres que nunca más vieron a sus hijos! En fin... ¡Cuánto dolor de todo un pueblo por la satisfacción y la vanidad de un solo hombre!

José Martí, el apóstol de la independencia de Cuba, dijo en alguna ocasión: "Los hombres no pueden ser más perfectos que el Sol; el Sol tiene manchas. Los agradecidos hablan de la luz; los desagradecidos no hablan más que de las manchas".

Sé que este libro tendrá sus detractores, y que siempre habrán catones dispuestos a mirar hasta con lupa para señalar errores, pero no me afligirá, ni incomodará, porque ¡aun la Biblia! tiene sus críticos y enemigos, que en última instancia son útiles, porque según sean sus enemigos, así es el hombre; y no hay mejor medida para una obra o empresa que saber quiénes están en contra de ella, y quienes a favor.

Ha de bastarme, por lo tanto, para sentirme satisfecho después de tanto trabajo, y costo monetario y físico, que este libro sea portador de este mensaje: que el comunismo podrá ser una doctrina aceptable en la letra, pero catastrófica en la práctica; que la Revolución cubana ha sido, y está siendo, una fachada hábilmente decorada para esconder tras ella las intenciones más diabólicas, los crímenes más horrendos, el desmembramiento sistemático de todas las instituciones tradicionales de una nación que, contrario a lo que muchos puedan pensar, por ignorancia, no ha permanecido cruzada de brazos o solícita como bedel sumiso, sino que ha luchado incesantemente por 57 años por recuperar la libertad secuestrada por uno de los entes más perversos que ha conocido la historia humana; porque Fidel Castro no es un personaje cualquiera que, en un momento de su vida decidió llegar al poder para enriquecerse o para tratar de cambiar ciertas cosas que según su pensamiento debían ser cambiadas, - o cualquier otro objetivo que, de cuando en cuando, dan pie a hombres enérgicos y decididos para rebelarse contra el orden establecido-. Fidel Castro, y eso lo demuestra hasta un estudio superficial de su historia y personalidad, ha vivido para imponerse, para ser amo absoluto, para decidir quién vive y quién muere, para trastornarlo todo y reordenarlo a su antojo, o simplemente dejarlo todo trastornado y seguir para adelante como un tornado...

En el fallido libro "Alina, Memorias de la hija rebelde de Fidel Castro" la autora cuenta que Fidel niño: "Sobrevivió a los numerosos intentos de volar que hizo antes de cumplir los cinco años de edad", y continua: "los niños tenían que acometer la guardarraya, ese filo de tierra sin desbastar que abre camino entre la hierba de guinea y el marabú, para llegar al aula. Los hermanos tuvieron que ponerlo (a Fidel) al final de la fila, porque contrajo la extraña manía de caminar tres pasos para adelante y uno para atrás a medida que avanzaba... ...Cuando Lina castigaba las travesuras a cintazos, y los hermanos se desperdigaban para evitar la azotaina, Fidel era el único que se bajaba el pantalón, le daba las nalgas, y le decía: "Pégame, mami"; con lo que le desarmaba el brazo. (páginas 15-16 del citado libro).

Castro es una mente "poseída" por una avasalladora ansia de poder. Lo demostró en sus años universitarios; lo demostró en la primera etapa después de la cobarde huida de Batista; y lo ha seguido demostrando hasta el presente. Todo lo busca *ad libitum, et ad infinitum* ¡57 años ha gobernado, (más cincuenta y ocho al tiempo de la publicación de este libro) y hasta ha preparado la "sucesión", pues quiere seguir presente aun más allá de la muerte!

Gracias a Dios que siempre la naturaleza -física y espiritual- busca su equilibrio; y mientras este anciano mefistofélico no cesa de trabajar por destruir la democracia en todas partes del mundo, -que es lo mismo que decir "construir el comunismo"- en esa Cuba hambreada, reprimida, engañada, encarcelada, hay miles de hombres y mujeres como Jorge Luis García Pérez "Antúnez", Vladimiro Roca, Marta Beatriz Roque Cabello, Oscar Elías Biscet, René López Manzano, el difunto Osvaldo Payá Sardiñas, la desaparecida Laura Pollán, Orlando Zapata, Pedro Luis Boitel (por nombrar algunos) que desgastan su vida –o la dieron- para que la Perla de las Antillas retome su sendero libre y democrático.

Estoy seguro del triunfo de la justicia y de la paz, porque *probatum est* que si bien las enfermedades han acabado con la vida de muchos, no han logrado exterminar la humanidad. ¡El bien siempre se impone al final! ¡Cuba ha de ser libre! Y los cubanos libres, han de ser ¡Dios nos ayude! una fuerza más en el equilibrio del mundo.

¿Es ésta acaso una afirmación atrevida y sin fundamento real? No lo creo. Martí lo pronosticó, y esa aseveración suya parece haber sido una revelación extra terrena, porque la Cuba del mañana, la nueva Cuba libre, esa "Cuba eterna" de que habla el maravilloso intelectual y patriota cubano José Sánchez Boudi, tendrá que por dignidad, por gratitud a los hombres y mujeres que han dado sus vidas durante medio siglo, que mantenerse al lado de las democracias, y tendrá que apoyar en la ONU, en la OEA, en todo organismo internacional donde esté presente, y aun fuera de esos organismos, a los pueblos de hoy y de mañana que estén luchando contra gobernantes injustos y tiránicos. Esa debe ser la misión futura de Cuba.

Una simple ojeada al índice le muestra al lector, que hay temas, que por su importancia, han sido tratados por varios escritores: Así sucede con el tema de las prisiones, con el de los derechos humanos, y con la libertad religiosa, con la Crisis de Octubre, con la invasión de Girón, etc.

Yo había planeado hacer solo un libro, pero he tenido que ampliarlo a diez volúmenes (el décimo, El Legado de Raúl Castro, está en preparación), porque los temas se iban imponiendo según avanzaba, y tuve que ponerme freno, para no acabar teniendo doce o catorce volúmenes. Esto no excluye que en el futuro, demos a la luz nuevas obras en referencia al tema cubano, tan vigente y tan importante, no solo para los cubanos sino para toda América, y no exagero, porque observen lo que está sucediendo en Venezuela, y lo que en menor escala sucede en Bolivia, Ecuador, Nicaragua, y otras naciones de nuestro continente.

Quiera Dios que, como el enfermo grave que da la sensación de que va a morir, pero se recupera, se levanta y vuelve al estado normal, así nuestro pueblo, en unos meses más esté libre de los Castro, y pueda Cuba enrumbarse hacia derroteros de libertad, igualdad y fraternidad, ¡ese es mi mayor deseo! Sin embargo, sé -lo sabemos todos- que el deseo es solo una ínfima parte del logro; y que lo que realmente conquista las cosas es el trabajo bien organizado y en común, pues la sociedad es un conjunto amorfo de células llamadas "hombres" y "mujeres" que por ser disímiles, es muy difícil de maniobrar para lograr las metas que, increíblemente, son las aspiraciones individuales, pero que se cortan, entrelazan, dividen en un sinfín de ambiciones que no siempre se logran, porque deben canalizarse a través de un ente llamado "líder" que solo aparece de siglo en siglo, con la brillantez, la dedicación y la fuerza necesaria para romper la malla aislante del yo y convertirla en energía ecuménica de creación o destrucción, según sea el líder. Eso lo hemos visto plásticamente en la Alemania de Hitler, la Italia de Mussolini, y la Cuba de Castro. ¡Qué situación tan diferente y espléndida en todos los sentidos tendría hoy Cuba, si Fidel Castro en vez de dedicar sus esfuerzos a la subversión, al crimen, a la negación de Dios, al comunismo; lo hubiera hecho a favor del bien común, de la prosperidad económica, y la estabilidad social!, pero él no tiene la fibra del bueno, y desgraciadamente, cada vez que ha aparecido un líder como Huber Matos, Boitel, Mas Canosa, Payá y decenas de otros menos conocidos, Fidel Castro –sabiamente para sus fines- los ha encarcelado; los ha eliminado…

Quiera Dios, repito, que los cubanos lleguemos al 2017 con una sonrisa de agradecimiento al Creador por ser ya libres, y con los brazos dispuestos a trabajar para que Cuba sea todo lo bueno que puede ser, y que exportemos no ya fusiles, ni hombres dispuestos a morir por una innoble causa, sino ciudadanos honestos con un mensaje de paz y esperanza para todos los pueblos del mundo.

Miguel Sanfiel. Octubre 2016

P.S El tirano mayor desapareció del escenario cubano hace poco más de un mes; pero su segundón, Raúl Castro, está ahí todavía.

Hoy es noviembre 25, 2016. Mi deseo de ver a Cuba libre este año, se va esfumando con cada tic tac del reloj; pero ¡la patria no muere, ni sus hijos amantes la desertan! el día llegará cuando de las faldas de la Sierra, serán expulsadas las cenizas indignas, de aquel que se refugió en ellas para matar, bajó incitando a la violencia y la guerra, y murió anciano ya, predicando la doctrina del odio entre hermanos.

PERFÍL PSICOLÓGICO DE FIDEL CASTRO"

Por Dra. Maritza Beato

La Dra. Maritza Beato, es Psicóloga, periodista, y activista cívica cubana, vivió en Miami. Falleció a consecuencia de un coma diabético.

De todos es conocido el terrible perfil psicológico de Fidel Castro, el tirano que durante casi medio siglo ha logrado, a base del terror, la represión, y métodos brutales, mantenerse en el poder en Cuba. Su patología se basa, en parte, en una dualidad, consecuencia de una frustrada identidad desde su nacimiento: un doble nombre, doble hogar, doble familia, y doble identidad.

El padre del dictador, Ángel Castro Argiz, nacido en la aldea de Láncara, cerca de Lugo, España, en 1875, era un simple campesino rural al que un residente de La Coruña pagó para que lo sustituyera en la guerra de Cuba. En la isla, según reporta Carlos Márquez Sterling en su "Historia de Cuba", Castro padre formó parte de la columna española, dirigida por el comandante Cirujeda, que atacó y mortalmente hirió en combate al Titán de Bronce, Antonio Maceo, el 7 de Diciembre de 1896.

Después de la derrota española en la guerra, don Ángel decidió quedarse en la isla y hacer fortuna allí. Para salir de la pobreza típica del inmigrante, ejerció todo tipo de trabajos. Con la ayuda de otro coterráneo canario, Fidel Pino Santos, logró alquilar parcelas a la United Fruit Company y comenzó a adquirir más y más tierras, convirtiéndose en un rico terrateniente, pero con una reputación de ser implacable y violento en sus negocios, sobre todo con los humildes trabajadores que importaba de Haití para las labores agrícolas. Ya convertido en un rico miembro de la alta sociedad de Banes, don Ángel contrajo matrimonio con la maestra María Luisa Argota, instalándose en Birán, y teniendo dos hijos.

Años después llegó a Birán una sirvienta, Lina Ruz. Pronto Don Ángel estableció una relación extramarital con ella y tuvieron una primera hija, Ángela, que fue llevada al bohío de la madre de Lina. Nació un segundo hijo, Ramón, y ya los rumores de la infidelidad de su marido llegaron a los oídos de María Luisa Argota, que abandonó la casa de Birán y se mudó a Santiago de Cuba con sus hijos.

Lina Ruz se instaló entonces como la nueva señora de la casa, y dio a luz, el 13 de Agosto de 1926, a un tercer hijo, al que don Ángel puso el nombre de su amigo y socio en los negocios: Fidel.

Como María Luisa Argota ya le había planteado el divorcio y reclamado la mitad de sus tierras, don Ángel simuló estar arruinado y traspasó las propiedades a su socio Fidel Pino Santos. Para acallar rumores y ocultar la existencia de los hijos ilegítimos, decidió enviar a los niños a vivir con sus amigos, el cónsul haitiano en Santiago, Hippólite Hibbert, y su esposa Emercianne. Fidel tenía entonces 4 años.

A esa temprana edad, (Fidel) tuvo que adaptarse a tener dos familias, dos parejas de padres, dos hogares, a lidiar con su condición ilegítima, creando hondos conflictos psicológicos. Dos años después, cuando fue enviado como interno al Colegio de La Salle, sus condiscípulos lo humillaron repetidamente por su origen bastardo, por tener como madre a una criada analfabeta, y por no estar bautizado, llamándolo "judío". El niño se juró que algún día se vengaría de todas estas humillaciones.

Cuando tenía 8 años, al fin fue bautizado, teniendo a la pareja haitiana de padrinos, y apareciendo en el acta oficial de bautismo como Fidel Hipólito Ruz, sin mención de Ángel Castro como su padre. No fue sino hasta 1940 que don Ángel y Lina legalizaron su unión. Tres años después, el 11 de Diciembre de 1943, Fidel fue reconocido como hijo legítimo de don Ángel Castro, cuando ya tenía 17 años. Fidel Hipólito Ruz al fin podía llamarse Fidel Alejandro Castro Ruz. Pero las humillaciones sufridas durante los primeros años de su vida dejarían una huella imborrable, ansiosa de venganza, en su atormentada mente.

Después de su tardío reconocimiento como hijo legítimo, el adolescente Fidel Castro finalmente pudo incorporarse de lleno a su familia. Se trasladó de Birán a La Habana, matriculándose en el Colegio jesuita de Belén, uno de los más prestigiosos de la capital. Allí comenzó a destacarse académicamente, pero al mismo tiempo, a mostrar su insaciable ambición de poder.

En Belén, uno de sus condiscípulos fue un ex-vecino de Banes, Rafael Díaz-Balart, con cuya hermana, eventualmente, contrajo matrimonio.

Después de graduarse en Belén, Castro se matriculó en la Escuela de Leyes de la Universidad de La Habana, dónde rápidamente se involucró en el activismo estudiantil, haciendo un intenso debut en el panorama político de la isla.

Aquí comenzó su época de "gatillo alegre", con una reputación de gánster, de aventurero violento, de matón. Todo esto culminó con su participación en el nefasto "Bogotazo" de 1948, adonde fue, supuestamente para infiltrar los movimientos estudiantiles universitarios de América Latina. Este evento concluyó con revueltas, y el incendio de la capital colombiana después del asesinato del líder del partido liberal, Eliecer Gaitán.

Según el biógrafo de Castro, el francés Serge Raffy, al regreso de Castro de Bogotá fue que se produjo en La Habana el fatídico encuentro con el agente soviético Fabio Grobart, que determinaría su afiliación política para siempre. Raffy sostiene que la ideología marxista de Castro tuvo su origen en esa fecha.

Fabio Grobart, uno de los fundadores del antiguo Partido Comunista de Cuba, era un judío polaco enviado por el Kremlin a América Latina para reclutar agitadores "antiimperialistas" que, para despistar, simularan ser anticomunistas y tuvieran una imagen pública como tal. Y Castro, con su engañosa imagen de revolucionario humanista, que ocultaba su activismo violento y métodos brutales, era el candidato perfecto para la tarea, ya que poseía la camaleónica duplicidad requerida.

Esta condición de "agente doble" era terreno conocido para Castro. Según Raffy, esta duplicidad "no fue por la práctica de la denegación, traición o virajes, propios del juego político; sino por una verdadera estructura psicológica derivada de las circunstancias de su origen: la propensión a ser simultáneamente dos personas; a jugar en dos campos al mismo tiempo; opuesto a la imagen del personaje íntegro e impetuoso que representa. Esta estructura de lo doble aparece en todas las acciones que emprende, ocasionando crisis, pues es una conducta que implica el "double bind", que, como se sabe, es el origen de muchas perturbaciones mentales."

Por eso fue que pudo engañar al pueblo cubano, presentándose desde la Sierra Maestra como un revolucionario idealista y redentor, ocultando su verdadera agenda. Por eso, tienen importancia absoluta en su régimen los servicios de inteligencia y de control policial. De ahí proviene la modalidad de infiltrar agentes bajo la doble fachada de médicos, maestros, y técnicos deportivos, como sucedió en Chile, en Granada, y ahora en Venezuela. Su duplicidad y la maleabilidad de su personalidad patológica impiden la negociación, pues nunca se estará tratando con el verdadero, sino con el OTRO. La ley, según él, será siempre de su voluntad.

Más respeto a quien extingue una larga condena carcelaria con aplomo y sin odios, o al que manda sin prepotencia, que a quien da su vida en una batalla. -M.S.

¿EMBARGO O BLOQUEO? PERSPECTIVA HISTORICA Y REALIDAD ACTUAL

Gerardo E. Martínez-Solanas

Economista y Politólogo. Ex funcionario de las Naciones Unidas. Director de *Democracia Participativa.net Es autor de numerosos libros.*

El propósito fundamental que da legitimidad a la gestión del Gobierno de cualquier país es el bienestar y el progreso de su pueblo. Frente a esta obligación, el Gobierno de Cuba insiste en culpar a los Estados Unidos por la extrema miseria que aqueja a los cubanos y se refiere a un "bloqueo criminal" por una serie de restricciones en las relaciones bilaterales afectadas por la enemistad entre ambos países, las que, sin embargo, no afectan las relaciones comerciales ni las diplomáticas de Cuba con el resto del mundo. La palabra "bloqueo" ha sido manejada con mucho éxito por el Gobierno cubano para justificar su fracaso y dar la impresión de agresión, imposición o uso de la fuerza contra el país. Pero lo que en realidad se observa es un "embargo" impuesto a cualquier transacción por la cual empresas de Estados Unidos otorguen crédito a Cuba. Las compras al contado están limitadas a bienes agrícolas y medicinas, pero la realidad es que Estados Unidos es el segundo país del mundo por el nivel de su intercambio comercial con Cuba y la principal fuente de ingreso en dólares gracias a las visitas y las remesas de los emigrados a sus amigos y familiares de la isla.

La embajada de Cuba en Venezuela ha publicado en la WEB y distribuye también entre los venezolanos una breve lista de *"7 preguntas sobre el bloqueo"*, una de las cuales subraya que califican el diferendo con Estados Unidos de bloqueo y no de embargo porque *"Cuba no es deudora de los Estados Unidos y no ha cometido delito alguno que autorice el secuestro y liquidación de sus bienes a favor de los Estados Unidos"* y alegan que la intención manifiesta del embargo es la de *"cortar, cerrar, incomunicar [a Cuba] con el exterior para lograr la rendición del país por la fuerza o por el hambre"*. Cuba es uno de los países del mundo donde es más difícil obtener datos estadísticos, y la mayoría de los pocos que ofrecen al mundo, tienen una fuerte orientación propagandística y no suelen ser comprobables. Por lo tanto, las cifras exactas y trasparentes de su comercio exterior hay que rebuscarlas país por país de fuentes extranjeras. De esa manera podemos descubrir que alrededor del 30% de los productos alimentarios y agrícolas que importa proceden de los Estados Unidos. En total, las importaciones procedentes de Estados Unidos han oscilado durante los últimos 8 años entre 500 y 600 millones anuales y llegaron a sobrepasar los 710 millones en 2008.

También podemos descubrir que la balanza comercial de Cuba con el resto del mundo arroja un déficit permanente que no ha bajado de 6 mil 500 millones y ha llegado hasta más de 11 mil millones de dólares entre 2006 y 2013. Cuba importó en ese mismo período entre 9 mil 600 millones y 15 mil 400 millones de dólares en mercancías (sin contar servicios). El problema ha sido que las exportaciones han estado endémicamente a un nivel muy inferior. Las fricciones con Estados Unidos comenzaron con el control de divisas por parte del Gobierno cubano, inicialmente bajo la dirección del Banco Nacional por Felipe Pazos, quien rechazó las obligaciones comerciales y deudas contraídas por el Gobierno anterior, y posteriormente por Ernesto "Che" Guevara, quien inició una política destinada a eliminar el Peso cubano como moneda de intercambio reconocida internacionalmente. Cuba gozaba inicialmente de crédito ilimitado por parte de Estados Unidos, una condición que había ganado mediante una sólida política comercial y una reputación de crédito de muy bajo riesgo. Pero estas condiciones tan favorables se redujeron rápidamente a 180 días, a 90, a 30, y a la carta de crédito confirmada, irrevocable y a la vista, hasta llegar al pago previo en efectivo como exigencia indispensable de los vendedores por el creciente incumplimiento de Cuba en la liberación de las divisas necesarias para cubrir sus obligaciones. Estas condiciones de pago en efectivo son las que están actualmente vigentes en el intercambio comercial con su vecino del Norte.

Estas fricciones se complicaron y agravaron debido a las crecientes expropiaciones y confiscaciones de propiedades a todas las empresas e industrias de capital estadounidense, realizadas de forma unilateral, sin compensación alguna y eludiendo cualquier tipo de negociación. Acciones represivas que también sufrieron los nacionales cubanos cuando el Gobierno impuso un Gobierno socialista de tipo soviético.

A partir de ahí, el deterioro de las relaciones comerciales entre ambos países siguió un curso acelerado. El 6 de julio de

1960, Estados Unidos tomó medidas reduciendo la cuota de importación de azúcar cubano a 2, 420,000 toneladas, un recorte de 700,000 toneladas. El azúcar de caña significaba aproximadamente el 70% del total de las importaciones de Estados Unidos procedentes de Cuba, las cuales, además, se pagaban a un precio superior al del mercado mundial, que en Cuba se identificaba como "el diferencial azucarero". El 19 de octubre de 1960 Estados Unidos apretó aún más las tuercas y prohibió las exportaciones a Cuba, excepto los comestibles no subsidiados, las medicinas y los suministros médicos. Finalmente, Estados Unidos rompió relaciones con el Gobierno cubano el 3 de enero de 1961. Ese mismo año la cuota azucarera de Estados Unidos a Cuba fue reducida a cero.

El Presidente John F. Kennedy, firmó el embargo propuesto por el Congreso contra las importaciones procedentes de Cuba el 7 de febrero de 1962, que quedó reafirmado el 3 de octubre de 1962, mediante la ley pública 87-733 (S.J. Res. 230) 76, Estatuto 697, en sesión conjunta del Senado y la Cámara de Representantes, conocida como la "Resolución cubana", la cual, además, formulaba un enfrentamiento también político y posiblemente militar. Estas medidas estuvieron estrechamente relacionadas con la "crisis de los cohetes" que enfrento a Estados Unidos con la URSS como resultado del establecimiento de bases de misiles nucleares en la isla. Pese a este enfrentamiento, no faltaron esfuerzos conciliatorios de Estados Unidos. Por muchos años se mantuvo oculto un memorándum enviado a Cuba por Robert Kennedy (el cual no vio la luz pública hasta 2005) pidiendo una negociación para levantar el embargo, sobre todo por considerar que esta medida era contraria a las *libertades tradicionales de los estadounidenses"*. Los intentos de negociación para levantar el embargo han sido repetidos en 1975 por el senador Edward Kennedy, en 1976 por el secretario de Estado Henry Kissinger, en 1977 por el presidente Jimmy Carter, en 1978 por el secretario de Estado Cyrus Vance, y en todos los casos con propuestas concretas que permitieran acuerdos ponderados y justos. La contrapartida cubana apeló a reclamos en foros internacionales y a declaraciones incendiarias formuladas en diversos discursos, pero nunca accedió a negociaciones serias que pudieran ser satisfactorias para ambas partes.

Ante esa intransigencia, la política de Estados Unidos se endureció con el presidente Ronald Reagan y acabó por desembocar diez años después en la **Ley de Democracia Cubana** del senador Robert Torricelli. Finalmente, bajo la presidencia de Bill Clinton se firma la **Ley Helms-Burton**, después que cazas cubanos derribaron, en aguas internacionales, unas avionetas civiles tripuladas por ciudadanos americanos y registradas en Estados Unidos. Esta última Ley se redactó para penalizar a aquellos empresarios de cualquier país que hicieran comercio con Cuba, negando la entrada a EE.UU. de los empresarios involucrados y prohibiendo las relaciones comerciales y financieras con el país. El análisis de las disposiciones de estas leyes sería demasiado aburrido para los lectores. Además, los estudiosos e investigadores las tienen a disposición a través de muchos medios. Lo importante es su aplicación y sus resultados.

La Ley Helms-Burton ha causado muchos roces con el resto del mundo a pesar de que sus disposiciones punitivas han sido constantemente suspendidas por todos los presidentes de Estados Unidos desde su promulgación. No sólo no se han realizado acciones punitivas de ningún tipo contra los países que comercian con Cuba sino que las relaciones entre ambos países han sido cada vez más flexibles desde entonces. En 1999 se permitieron los vuelos directos entre ambos países y los envíos (o "remesas") a la isla; además, se redujeron las restricciones de viaje a los ciudadanos estadounidenses y los intercambios culturales y de expertos, hasta culminar en medidas por las que ahora se otorgan visas de cinco años a ciudadanos cubanos para entrar al territorio de Estados Unidos, sin restricciones durante ese tiempo, además del derecho a solicitar la estadía legal en el país después de permanecer en él por más de un año y un día.

Esto representa una notable entrada de divisas para Cuba (remesas, visitas familiares y turismo de expatriados, intercambios culturales, etc.) a cambio de ningún beneficio comercial o financiero para Estados Unidos. Se calcula que alrededor de 3 mil millones de dólares al año ingresan a Cuba solamente por las remesas. Las visitas de expatriados a Cuba, constituye el segundo ingreso de divisas más importante después del que proviene del turismo canadiense.

Pese a toda esta historia, la aplicación (muchas veces parcial) de las leyes resultantes del enfrentamiento entre ambos países dista mucho de ser algo parecido a un "bloqueo". Porque, ¿qué es un bloqueo? Para María Moliner, una purista del idioma en su *Diccionario del uso del español*, bloquear, en el sentido que intenta darle el régimen cubano, es sinónimo de *"asediar, cercar, sitiar o rodear una plaza enemiga para evitar su comunicación con el exterior"*. En otras palabras, se trata de una acción militar agresiva. En cuanto a su uso histórico, siempre se ha usado la palabra en referencia a una acción naval que impide el comercio por la fuerza. Cuando la acción es de orden económico, la palabra adecuada en *boicot*. La España de Franco y la Sudáfrica de

Botha fueron sometidas respectivamente a un boicot comercial en el que participaba prácticamente toda la comunidad internacional. No obstante la absurda exageración que promueve enarbolando el fantasma del "bloqueo", el Gobierno cubano ha manejado la batalla de la propaganda con notable éxito, como señalábamos al principio, hasta el punto de que el supuesto "bloqueo" cobra realidad aún en las mentes de disidentes, opositores o personalidades que no por ello simpatizan con la política de los hermanos Castro, ni tampoco la justifican, pero emplean, quizás inconscientemente, argumentos muy semejantes a los que esgrimen las autoridades cubanas.

Lenier González Mederos, por ejemplo, hizo mención en la reunión de la Asociación para el Estudio de la Economía Cubana en el verano de 2014 sobre la necesidad de la existencia en Cuba de un *«quehacer político diverso, pero leal»* que, en otras palabras, parece apuntar a un "pluralismo unipartidista" que promueva una "unidad nacional", como ha sido el argumento justificante de un Gobierno que exige la lealtad de sus ciudadanos como garantía del progreso hacia esos fines. En la versión ampliada de su ponencia, publicada en La Habana en el último número de **Espacio Laical**, agregaba *«la necesidad de que ese quehacer, estuviese comprometido con los cambios estructurales que Cuba necesita»*, pero que, a su vez, *«estuviese desvinculado de los mecanismos de la Ley Helms Burton y de los andamiajes del Embargo/Bloqueo»*, por ser estos *«ilegítimos, inmorales, y lesivos a los intereses de los cubanos patriotas»*. Esto parece implicar que los cubanos deberían oponerse a esa ley por "lealtad" a la Patria, la cual, por otra parte, los hermanos Castro identifican con su Gobierno, mientras que González Mederos la ve sometida a una especie de estado de sitio por una poderosa Potencia extranjera.

La realidad de las relaciones comerciales entre ambos países es otra, porque se reduce a la negativa del Gobierno de Estados Unidos a dar garantías a los exportadores que deseen conceder créditos al Gobierno cubano, que es el que maneja y controla el monopolio de todas las importaciones. Se limita también a restringir los gastos en dólares de las visitas a Cuba de ciudadanos estadounidenses de origen cubano, mientras que los otros deben acogerse a programas de intercambio cultural, educacional, deportivo, etc. Esto dista mucho de ser un "bloqueo", no llega siquiera a ser un boicot y es apenas un embargo parcial de las relaciones comerciales y financieras entre ambos países.

Las relaciones comerciales y financieras entre países se han establecido a través de toda la historia mediante negociaciones, acuerdos y transacciones. No se le puede imponer a ningún país la obligación de comerciar con otro país, otorgarle créditos o aceptar su moneda. Estas relaciones tienen que ser producto de un entendimiento mutuo que permita acuerdos cordiales y civilizados.

Es evidente que tanto en el orden político como en el económico, el embargo de los Estados Unidos a Cuba ha sido inoperante e ineficaz. En lo político, porque este tipo de medidas vacilantes e incompletas no ejercen una presión real sobre ningún régimen autoritario. En el caso de Cuba, al cabo de más de medio siglo no han logrado resultado alguno. En lo económico, tampoco han beneficiado a Estados Unidos porque no ha logrado recuperar o por lo menos obtener compensación o reparaciones por las confiscaciones unilaterales de sus bienes y propiedades en Cuba. Además, lo ha privado de un mercado natural para sus productos, de lo cual se han aprovechado ampliamente terceros países.

Estados Unidos podría derogar la Ley Helms-Burton mañana mismo (sin arriesgarse a garantizar créditos que sabe que Cuba no pagaría en el futuro, como efectivamente no lo ha hecho con las deudas de muchos otros países, incluyendo a Rusia) sin que tal decisión unilateral y sin concesiones de la otra parte cambiara en nada el estado desastroso de la economía cubana. La miseria del pueblo cubano se debe a problemas estructurales que no pueden repararse ni corregirse sin un cambio radical del sistema vertical de Gobierno que mantiene en camisa de fuerza a toda iniciativa empresarial y a todo estímulo innovador para el progreso. Un cambio que los capos vitalicios que son dueños de esa isla no están dispuestos a realizar porque saben que sería el fin de su poder y su impunidad.

Es obligación de todo gobernante, como señalamos al principio, desarrollar políticas que redunden en el bienestar de su pueblo y el progreso del país. Someter a todo un país a la miseria con un alegato de "orgullo nacional" es un crimen, sobre todo cuando hay alternativas viables de negociación y transacción. En lugar de enfrentar agresivamente a los Estados Unidos y a las democracias en general por un caprichoso pretexto ideológico, cualquier estadista bien intencionado al frente de los destinos de Cuba buscaría todas las avenidas posibles de acercamiento con los países más ricos y avanzados del planeta, los que han encontrado soluciones para sus pueblos y los han elevado a envidiables condiciones de bienestar; precisamente esos que pueden darle a los cubanos lecciones pertinentes sobre los medios y políticas indispensables para sacar al país del estado de miseria y subdesarrollo en el que se encuentra.

:

CONSECUENCIAS SICO-SOCIALES DEL INTERNACIONALISMO PROLETARIO DE CASTRO

Por Miguel Sanfiel

Todo en este mundo tiene dos caras, dos conceptos, dos o más interpretaciones. Es por eso que en las cortes de justicia, por evidente que sea el caso, siempre hay que oír al fiscal y al abogado de defensa. Por esa misma razón es que en los Estados Unidos, además de oír al acusado, y de oír al abogado de la defensa, en todo caso que lo amerite por su complejidad y posibles duras consecuencias para las partes, se usa el sistema de jurados, y aun el jurado debe alcanzar una decisión unánime al votar "culpable" o "inocente". Es decir, nada de lo que hacemos los humanos, por terrible o sublime que sea, es lo que una persona o un grupo de personas cree haber visto, oído, etc., porque aunque el acto sea comprobable, las circunstancias que llevaron al acto son intrínsecas a la persona. O sea, si un hijo mata a un padre, nuestra primera reacción es de horror y repulsa extremada hacia el malhechor, pero cuando comenzamos a analizar la información que nos va llegando, se puede ver que la persona había enloquecido, o la persona había estado siendo violada o cosas por el estilo, y entonces ya nuestra condena se suaviza, porque el crimen fue un acto fuera del control normal de la persona que lo cometió.

He querido decir esto, como una introducción a las "consecuencias sicosociales del internacionalismo proletario" en Cuba. La mayoría de las personas se solidarizan, aunque sea emocionalmente, con sus congéneres que están en sufrimiento; por esa razón vemos como el cubano dona sangre, y apoya hasta con su sacrificio personal, si se le presenta la oportunidad, para "liberar a otros pueblos" o para darle su mano en tiempos de tragedias naturales como los huracanes y las epidemias.

Ahora mismo, mientras escribo este artículo, hay más de 400 trabajadores de la salud cubanos en África para combatir la terrible enfermedad del ébola. Estoy seguro que a esos trabajadores no se le puso un revólver en el pecho, ni se les amenazó con llevarlos a la cárcel si no iban a esa misión. Tal vez se les va a recompensar económicamente y de otras formas, pero de todos modos es loable que estos trabajadores acepten los riesgos implícitos de contraer esta terrible enfermedad, en aras del servicio a la humanidad.

En la guerra de Angola y otras intervenciones en África, por donde pasaron más 300,000 soldados cubanos, las circunstancias no eran las mismas, y a la mayoría de ellos se les "torcía el brazo" para que fueran a demostrar allá el "internacionalismo de Fidel Castro". Iban ellos realmente forzados y posiblemente engañados en cuanto a los peligros que enfrentarían. Eso ya no es válido ni puede contarse como una acción voluntaria de solidaridad con el prójimo, pero de todos modos, iban, y muchos de ellos hoy en día mencionan como carta de honor su participación en esa aventura.

Deteniéndonos ahora a analizar los motivos que tuvo Fidel Castro para movilizar y mantener por años y años a esas tropas con todo el apoyo logístico y de equipos, privando de esos recursos a su pueblo y teniendo que traer de vuelta en cajas mortuorias a cientos y cientos de esos soldados, nos damos cuenta de que no era un genuino acto de compasión por el dolor ajeno, sino la búsqueda del engrandecimiento personal a costas del sacrificio de los demás, con el fin más amplio de tener a esos gobiernos de parte suya cuando necesitara su voto en la ONU, por ejemplo. O sea, fue una maniobra de siembra a largo plazo, lo cual es habitual en este personaje que tiene la virtud perversa de ver el futuro y prepararse para él.

Esto está más que demostrado en la preparación de decenas y decenas de miles de médicos y otros trabajadores de la salud, del deporte, y otras categorías de técnicos, para usarlos después como piezas para conseguir divisas, y palancas para conseguir votos en los foros internacionales.

Ahora bien, dicho lo anterior, vamos a detenernos a analizar un poco el daño que el comportamiento de Fidel Castro le ha causado a la familia cubana en estos 58 años de Gobierno totalitario e inmisericorde:

1-El desmembramiento de la familia debido a la separación prolongada de uno de los cónyuges:

Es muy bien conocido el refrán de que "la pobreza es mala consejera", y siempre que, sobre todo el hombre, que es normalmente el cabeza de familia y la fuente principal de ingresos económicos, no está presente, la esposa-madre de sus hijos se expone a las fuerzas poderosísimas de la necesidad del apoyo no solo del ingreso mensual –que seguramente fue garantizado por el régimen- si no al apoyo masculino para resolver mil problemas que se presentan normalmente en la vida de las personas, y que al no tenerse, causan un vacío en el hogar, que busca ser llenado de alguna manera por otra persona, lo cual crea una cierta dependencia de esa persona, que a la vez llena necesidades de tipo afectivo que, desatan una dinámica muy difícil de detener y que dan por resultado la infidelidad en no pocos casos.

Lo mismo le sucede al varón que está en sus años más vibrantes, y que se encuentra ahora a miles de millas de su esposa. Este hombre, en cuanto tiene la oportunidad, va a buscar salida a sus deseos sexuales exponiéndose a contraer enfermedades o crear un tipo de conducta que quizás no hubiese desarrollado si hubiera estado en su entorno y con su esposa.

Está un segundo problema latente en la ausencia del cabeza de familia, y es el efecto nocivo que causa la ausencia prolongada del padre en los hijos. Es universalmente conocida y aceptada la tesis de que la presencia del padre en el hogar es importantísima para el normal desarrollo sicosocial del niño, que al no tener esa parte integral, es perfectamente comparable con una mesa de tres patas. Estos niños/niñas que no solo sufren internamente la ausencia de uno de los progenitores, si no que en el aspecto social también sufren las consecuencias, porque ven a sus compañeritos u otros niños con ambos padres y ellos se miran a sí mismos como "huérfanos" en muchos sentidos y, por lo tanto, se sienten frustrados y perciben la vida como injusta y abusiva para con ellos.

Este tipo de circunstancias, no es solamente desagradable para cualquier niño o adolescente, sino que crea heridas o traumas perdurables que, con mucha probabilidad, habrán de perseguirlo toda la vida, adoptando formas diferentes de expresión, pero siempre con indeseables consecuencias para sí mismo y para aquellos con los cuales habrá de relacionarse el resto de su vida.

Otro aspecto de la separación de la familia es el uso del alcohol y las drogas, debido al sentimiento de culpa u otros complejos emocionales que pugnan por salir a la superficie, pero que son reprimidos por quienes lo sufren.

Si aceptamos esto como premisa, entonces se hace obvio que la separación familiar —conyugal o de otra índole- trae aparejada consigo un sinnúmero de problemas que nunca se sabe a ciencia cierta hasta dónde pueden llegar, ya que si analizamos cada uno de los aspectos por separado, podríamos llegar a conclusiones de espanto, pues por ejemplo, las drogas traen consigo su propio conjunto de problemas que se multiplican exponencialmente.

Es decir, las drogas no solo son causantes de la caída de la economía del que la consume, sino también que esta persona, al ser afectada adversamente, afecta igualmente a toda la familia, ya que la familia es una célula cerrada —como el huevo del ave- que cuando sufre algún daño no lo absorbe el sitio donde ocurrió, sino que se difunde en todo el conjunto y ya su producto final no va a ser igual que si no hubiese sido afectado.

Lo mismo sucede con el alcohol. Todos conocemos lo devastador que puede resultar para una familia que el padre o la madre de ese grupo, sea víctima de esa enfermedad llamada alcoholismo.

Este problema casi nunca se limita a la persona que lo sufre, sino que como el flu es propenso a trasmitirse a las personas que están cercanas o vienen en contacto con quien lo sufre. Y por consiguiente, no es algo para menospreciar las consecuencias familiares a las que pueda conducir, pues influye negativamente en: economía, relaciones intrafamiliares, relaciones sociales, muerte prematura ya sea por accidentes o por los efectos advers0os que tiene en el organismo, etc.

Ahora mismo, en África existe el problema del ébola; y el mundo entero está en riesgo. Por eso vemos con cuánta prontitud los gobiernos del mundo tratan de eliminarla allá donde brotó, ya que de otra manera en materia de meses la humanidad perdería decenas de millones de personas por esta mortífera enfermedad.

Es necesario insistir en este punto, porque ordinariamente vemos los problemas como un asunto que concierne solo a quien lo padece, cuando en verdad no es así, sino todo lo contrario: Cualquier problema individual es un problema social en desarrollo, es el primer eslabón en lo que usualmente se vuelve una larga cadena que no solo afectará a la familia o a las personas cercanas, sino que potencialmente puede convertirse en un grave riesgo para toda una comunidad.

La persona alcohólica o drogadicta no solo malgasta sus dineros –lo cual, desde cierto punto de vista, pudiera ser aceptable- sino que también:

a) Falta al trabajo, lo cual afecta a los demás trabajadores y a la empresa

b) Está más a riesgos de tener o causar accidentes.

c) Es una afrenta para la familia.

d) Es más susceptible de envolverse en riñas, violencia doméstica, robo, etc.

Todos concordamos en que la familia es la célula de la sociedad; pues bien, cuando esa célula es afectada adversamente, por digamos, el desequilibrio mental o emocional de cualquiera de sus miembros, la familia entera sufre un desbalance; igual que sucede con las drogas o el alcohol: la persona que desarrolla ese problema necesita tratamiento médico, por ejemplo, lo cual implica gastos extras y una disminución en las finanzas familiares, porque la persona deja de producir, debe adquirir las medicinas etc. o porque se vuelve una carga negativa, mayor o menor, pero carga al fin para el núcleo familiar.

La segunda premisa será entonces: la familia que permanece unida es mucho menos propensa a verse envuelta en uno de esos conflictos de gravedad impredecibles. Por lo tanto, es de interés social que la familia no se disgregue, ya que el costo, desde todo punto de vista, es siempre mayor que los beneficios que pudieran lograrse en forma de mejores salarios, mejores condiciones de trabajo, etc.

Eso nos lleva directamente a la tercera premisa: La entidad que promueve o facilita la separación de la familia, conspira contra ella.

Una evidencia brutal de los problemas familiares o individuales, es sin lugar a dudas el suicidio. Cuando una persona se suicida, deja una cierta nube de dolor no solo para los familiares y amigos sino que se transfiere solapadamente a la comunidad en general, porque la comunidad se cuestiona a si misma si las cosas andan bien, y si este mal ajeno no podría en cualquier momento tocar a nuestra puerta.

El suicidio es una consecuencia que suele derivarse no solo de los problemas individuales, si no que puede ser precipitado por situaciones en las cuales el individuo se ve a sí mismo en un callejón sin salida, que puede ser de origen multifactorial, pero que con mayor frecuencia tiene su génesis en las relaciones intrafamiliares.

El suicidio no es monopolio de un tipo de Gobierno, ni de una sociedad, ni de una clase, raza o edad. Siempre existió en Cuba y siempre existirá, como existe en los Estados Unidos y el mundo entero, pero no es menos cierto que la tasa de suicidios en la isla ha llegado a límites nunca vistos antes, y hoy por hoy es la más alta en toda Latinoamérica, alcanzando a finales del 2014 la cifra de 16.4 por cada cien mil personas. Si antes no fue así, se hace necesario plantearnos la pregunta: ¿qué está causando a un gran número de cubanos el acabar con su vida en forma tan drástica como lo es el suicidio?

El problema, como hemos dicho, es multifactorial: El sentirse desubicado fuera de Cuba y desubicado cuando se regresa, porque -si la estancia ha sido larga- al regresar es muy probable que la persona no encuentre todo tal y como lo dejó al partir, y el regreso se torna agridulce y sumamente estresante.

Los parámetros de este libro no permiten analizar, ni siquiera superficialmente, ninguno de los subtemas que hemos apuntado, porque eso entrañaría salirnos de la historia narrativa para entrar en la sicología y la sociología, campos que, además, no dominamos como lo exigiría su tratamiento responsable.

No podemos, sin embargo, evacuar este artículo sin dejar clara constancia de que creemos firmemente que "el internacionalismo" de Fidel Castro ha sido nocivo para el pueblo cubano en general, y fatal para miles de sus miembros en particular, y no ha servido más que para amamantar el ego gigantesco de este personaje que, sin que desconozcamos sus grandes talentos, ha causado más dolor, pobreza, muerte, separación familiar, depauperación del país, erosión de la moral y el civismo, (y todos los etcéteras negativos que quieran añadirse) que la guerra contra el colonialismo español y los malos gobernantes que tuvo la república hasta 1959, en conjunto.

Sin una economía estable y próspera, es imposible mejorar la moral de los pueblos. La pobreza es tierra árida donde solo crecen las malas hierbas o aquellas virtudes inherentes a los santos. M.S.

EL PAPEL DE LOS SINDICATOS EN LA CUBA REPUBLICANA

Por Calixto Campos Corona

(Enero 2005)

Calixto Campos es de procedencia sindicalista por vía paterna. Lleva 50 años en el ambiente sindical. Ha participado en muchos eventos sindicales dentro de Cuba en la lucha contra Batista y Eusebio Mujal en los sindicatos. Participó en las primeras dirigencias en la Federación de Plantas Eléctricas, ocupando la posición de secretario de Trabajo y a la vez delegado de la de la provincia de Oriente en La Habana.

Llevo alrededor de 50 años en el ambiente sindical. He participado en muchos eventos sindicales dentro de Cuba, en la lucha contra Batista, contra la hegemonía de los sindicatos.

Después vino el problema del 26 de Julio en el cual participé en las primeras dirigencias de la federación de plantas eléctricas, cuando la oposición de secretario de trabajo y a la vez delegado de la provincia de Oriente.

En La Habana esto nos trajo a colación tener que participar en una lucha por la supervivencia del obrerismo en el año 59-60.

Después tuvimos que servir clandestinamente pasándole por arriba a la historia y al sindicalismo en el momento cumbre de su nacimiento. Hubo muchos intentos de sindicalismo en fechas anteriores, como por ejemplo, en los años treinta, pero no tenían una fuerza como la adquirió en los años treinta y treinta y uno, donde se significaron una serie de luchas en el Gobierno de Grau, como la de los Cien Días en el sector que yo representaba, que era un motor dentro del obrerismo cubano.

Se intervino la compañía por incumplimientos del primer convenio obrero patronal que se firmó en Cuba, bajo el Gobierno de Machado y el de Grau San Martín, Incumplimientos en el cual el Gobierno tuvo que intervenir, y la compañía de electricidad poner a obreros de la compañía a administrarlo.

Fue un acierto tan grande que le dio vida y sabia a la empresa americana que en aquel momento era muy pobre, pero al surgir medidas de tipo popular, como la rebaja del fluido eléctrico, conllevó a que cada cubano pudiera tener electricidad, y fuera la salvación de la compañía, por eso fue reconocida en la oficina de Bonachea en New York

La intervención del Gobierno y de los trabajadores salvó la empresa en aquel momento, empresa que fue luego una de las más potentes de América y llegó a ser la cabeza en América Latina y del mundo en las conquistas laborales. Conquistas laborales que, desde hace cincuenta años todavía en muchos países, incluso aquí, no las tienen, y nosotros ya la teníamos hace cincuenta años.

Ahí comenzó el proceso de la creación sindical de la CTC, donde los comunistas, en el año 1935, en la huelga le vendieron esa idea a Batista y como pago de eso, en el Gobierno del año 40 surge el Partido Comunista con una fuerza auspiciada por Batista el cual creó el Partido Socialista Popular y se lo dio a la Central Sindical, a los comunistas.

También le dio un periódico y una estación nacional de radio de onda corta.

Este proceso estuvo desde el año 40 hasta el año 47, cuando volvieron los gobiernos auténticos; y en el año 47 se produjo el hecho de la expulsión de los mujalistas de la CTC; porque, en definitiva, nunca tuvieron una posición con un respaldo masivo, al contrario, siempre había grandes problemas en sus dirigentes.

Algunos dirigentes eran de tipo popular, e incluso Lázaro Peña iba en el año 59 a las elecciones de los tabaqueros contra Mario Moreno en La Habana, y se dice que el Partido Comunista y sus dirigentes, con raras excepciones, tenían un rasgo y un aval de popularidad.

Ese tipo de cosas contribuyó mucho con la figura de Ángel Cofiño que fue el creador de la   Comisión Obrero Nacional Independiente de Cuba (CONIC), la cual se mostró independiente ante los desafueros de Eusebio Mujal.

Batista, ante los comunistas en el año 47, hizo un lapso donde expulsaron a los comunistas, y Ángel Purriño García ocupó la posición de secretario general de la CTC. Al poco tiempo los trajines políticos llevaron a Mujal,… y todos sabemos la historia del Mujalato en Cuba, por el cual sufrió mucho el sindicalismo y a la vez progresó mucho.

Es justo reconocerlo, porque en Cuba había un ambiente muy propicio En aquel entonces se creó la lucha contra Batista y se quedó el cuadro del sindicalismo en el cual participé.

En mi época de juventud participé en la Comisión Obrera del 26 de julio. Fui de los primeros designados en La Habana para ocupar posiciones directrices federativas y eso me llevó a confrontaciones contra los comunistas en el Décimo

Congreso de La Habana que, se le llamó, el Congreso de los Melones, porque era verde por fuera, y rojo por dentro.

Aquello les creó una derrota dentro del régimen de Castro a los comunistas; le ganamos el congreso en una mayoría abrumadora, más de tres mil delegados nuestros y ellos apenas 300. Y es ahí casualmente que, por primera vez, Castro llegó allí como llegaba él: el machazo de la película. Llegó allí, y tomó un acuerdo de unidad para crear una candidatura, con la integración de algunos comunistas, y por primera vez le chiflé a Fidel Castro.

Él salió ese día muy disgustado y se puso de acuerdo con David Salvador para formar la candidatura, y aunque no la integraron los comunistas, la integraron unos compañeros que hicieron más daño que si hubieran sido los comunistas. como Aguilera, Raúl Soto Iglesias, Patillo.

Nosotros, en aquella época, de las 33 federaciones, podemos decir que 23 eran anticomunistas, porque estábamos en los trajines contra los comunistas.

Esta lucha surgió desde la Sierra Maestra, cuando en el Segundo Frente Frank País, en el año 57-58, Raúl Castro quiso hacer un Congreso Obrero ante el fracaso de la huelga de abril, que fue la fabricación malévola del Partido Comunista con Fidel Castro, para que fracasara, y así quitarle fuerza al movimiento interno, al movimiento clandestino.

Esta historia algún día se podrá saber bien… cómo fue este proceso, por qué la huelga de abril nunca iba a triunfar, etc. En primera, porque ese tipo de huelga hay que analizarlo, lo hemos visto ahora recientemente en Venezuela, como este tipo de huelga es un fracaso.

La huelga usted la puede propiciar en el sentido de una huelga por 24 horas, 3 días, 4 días…,pero el hombre tiene que trabajar, el hombre tiene que comer, no se puede paralizar un país. No se puede hacer eso, así es; y nuestros dirigentes comprendieron esa situación y cambiaron la táctica.

Después vino lo de los "brazos caídos", y a "paso de jicotea". Ese tipo de lucha sí se puede realizar, pero la huelga general conlleva a que tú mismo te estás haciendo el harakiri, y nosotros lo comprendimos, por eso no quisimos caer en ese error, pero el 9 de abril, Castro propició que fuera así…un fracaso.

Duró como una semana, pero dos o tres días nada más fueron los fuertes, entonces ellos crearon los congresos que quisieron. Castro en el Frente Oriental Frank País, para crear el Frente Obrero Nacional (FON) y crear el Frente Obrero Nacional Unitario, (FONU) para dar integración a los comunistas, y en la Sierra, formó un desparpajo que el congreso no se pudo hacer.

Le hice una vez un cuento a usted de cuando el ataque a Palacio dije unas palabras, dije que no me importaba si era José Antonio, Melenao Mora o Fidel Castro quien derribara a Batista, porque yo estaba en mi lucha de derribarlo e instalar la institución del 40.

El doctor Prío me salió al paso y me dijo horrores. Ninguno de los dos se conocía en Oriente. Oí el nombre de Fidel Castro el 26 de julio cuando atacó el Moncada, jamás en mi vida había oído hablar de ese hombre y de Raúl, menos.

Ellos estudiaron en Santiago de Cuba uno año o dos años. Eran unos guajiritos nadie les puso atención, ni tenían esa posición, pero comenzaron a despertarse los recelos, cuando quisieron crear la unidad con los comunistas.

Entonces la gente comenzó a rebuscar y oímos que Raúl había ido a Praga a un congreso, y empezaron a dar cada día conocimiento de gente que conocían a los Castro, principalmente la actividad de Raúl, pero yo personalmente no los conocía.

Pero como es lógico comenzamos a oír, y a averiguar, y hubo una alerta, pero me incliné hacía la ola democrática.

Frank País y yo trabajábamos juntos en la compañía eléctrica. Fui amigo personal de él y estuvimos en esos trajines En las averiguaciones sobre los Castro supimos que se decía, que Raúl tenía inclinaciones comunistas, pero que Fidel no, y eso fue dicho por ellos mismos.

El congreso falló en el sentido de que no pudieron introducir a los comunistas ahí. Entonces se hizo una candidatura. Hubo compañeros que no eran comunistas como Conrado Bécquer, Jesús Soto, Iglesia Patino, y Aguilera, que no eran comunistas, pero nos dieron la espalda a nosotros los anticomunistas y empezaron a respaldar y darles entrada a los comunistas.

Al no poder hacer el congreso, nos fue persiguiendo y aniquilando uno a uno y recuerdo que los primeros agredidos fueron los artistas, como Manolo Fernández aquel cantante de tangos que era presidente de los artistas. A Manolo le dieron cucharazos en el Teatro Martí. Lo encerraron y le hicieron un montón de cosas; lo humillaron,… lo hicieron renunciar.

En la manifestación a Palacio el 9 de abril del 60, iban miles de trabajadores por las calles gritando abajo el comunismo, abajo Rusia, hasta que subimos a Palacio. Allá, nos recibió el presidente, el que no estaba era Fidel, pero estaba el presidente Dorticós, Ramiro Valdés, Augusto Martínez Sánchez. Nos recibieron muy ásperamente, y nos dijeron que le habíamos dado una puñalada a la Revolución, porque eran los trabajadores los que estaban gritando eso.

Era en pleno año 60, y esa manifestación salió en todos los periódicos del mundo, los tengo guardados. El New York Times, en grandes titulares...O sea, le hicimos bastante daño, y ellos estaban conscientes de eso, por esa razón trataron de parlamentar con nosotros, con el engaño como siempre, y después nos empezaron a perseguir uno a uno. Fui uno de los que tuvo que hacer una vida clandestina, y esperar en estas condiciones el desembarco de Playa de Girón.

Después del desembarco de Girón, el mes siguiente, tuve que ausentarme del país. Crucé la base de Guantánamo y entonces vine para acá, y desde ese entonces hemos estado en todos los trajines de los Congresos Internacionales.

Hemos hecho lo que podemos. Tenemos la Organización del CONIC y la Federación de Plantas Eléctricas. Le hemos dado una vivencia a todo esto que estaba muerto, y hoy en día estamos trabajando en convenio con la CTV de Venezuela.

El compañero venezolano está clandestino en este momento, y estamos ayudando a la CTV de Venezuela y estamos trabajando mucho con la OI, estamos al llegar a un acuerdo con la CIOL la CIOL es un organismo que está en Bruselas. Es un organismo de la unión suprema, un organismo mundial: Confederación Internacional Obrero Libre, Sindicalista.

Nosotros estamos pasando un proceso, 45 años aquí en el exilio. Ha sido un proceso muy difícil, no sé qué ha pasado, que aquí te nominan comunista cuando usted habla de sindicato. No sé que le ha pasado al cubano, al movimiento obrero, que era una cosa respetable y, sin embargo, nadie quiere participar en los sindicatos.

La gente se olvida de eso y hemos tenido que luchar mucho para mantener la vigencia sindicalista. No ha sido fácil para nosotros. Hoy, gracias a Dios, estamos agrupando ferroviarios, petroleros, azucareros, comercios, teléfono, bancarios, dentro de la CONIC que la hemos organizado de nuevo.

Un resurgir del movimiento independiente. Nosotros ya damos como alternativa la futura CTC, no le decimos la CTC porque ya había una antiguamente aquí que ya se extinguió. Sus personajes ya se han ido muriendo, son muchos años.

Nosotros éramos la prima dona del movimiento y somos viejos ya, sin embargo, el movimiento obrero está vigente dentro de Cuba.

La revista que nosotros editamos, la revista Lux es la revista más antigua del Continente Americano de índole laboral. Había una en México que la editaba aquel viejo dirigente comunista Vicente Toledano. Toledano fue de los dirigentes comunistas de América Latina en el año 40 y sacó la Revista Luz, con z. Para adelantársenos a nosotros la sacó y a los dos meses nosotros tuvimos que sacarla como Lux con x, y la gente preguntaba por qué no le pusieron Luz con z, y ese es el origen, porque hasta en esto los comunistas se pusieron a escamotear.

Si se mira la lucha de los años 40, nos damos cuenta de que nosotros desde ese entonces estamos luchando contra los comunistas. Nuestros padres la empezaron, y después vinimos nosotros, y te digo que hoy en día, dentro de Cuba, está instalada nacionalmente la CONIC, la Federación de Planta Eléctricas, y la Agencia de Información, que nos da toda la información de Lux Info Press. Tenemos los corresponsales que telefónicamente dan las denuncias. Nosotros la llevamos al papel y a la Revista y la trasladamos hacía Cuba.

La revista hoy en día dentro de Cuba tiene una audiencia tremenda, la leen miles de personas. Nosotros estamos editando alrededor de mil y pico de Revistas mensuales. Y una revista en la isla, la mira un sinnúmero de personas.

Aun aquí en el exilio usted coge una revista y la mantiene por largo tiempo. No es como un periodiquito que usted lo bota fácil. Usted guarda la revista y si tiene gran valor usted la guarda más.

En Cuba que no hay nada que leer, por eso estas revistas son guardadas y pasadas de mano en mano después de leídas. Hay que escuchar a los cubanos cuando hablan con nosotros por teléfono, la mayoría están ávidos de esta lectura. Es increíble para los que sabemos como era Cuba, un país lector, con 18 grandes periódicos, aparte de los provinciales. Ahora quedan algunos cuantos que son copias fieles del Granma… ése que es una hojita. El más malo de los periodiquitos que se ponen en el Versalles dice más cosas y superan al Granma.

El sindicato es la unión de intereses de los trabajadores para tener una calidad de vida superior y de participar del capital en el cual ellos son piezas principales en la creación de este, porque sin capital no hay negocio, al igual que no hay negocio sin trabajadores. Porque la relación de obrero patronal, de llevarnos bien, de tratar de crea las riquezas, sin que el obrero se haga rico, pero que pueda aspirar a tener una vida desahogada, pues quien ayuda al patrón es el obrero, sin el obrero el patrón no puede existir, y por esa razón el obrero tiene derecho a una participación justa en las ganancias para que sus hijos tengan calidad de vida y puedan estudiar, y en el futuro, quizás ellos mismos llegar a ser patronos o ser profesionales. Esa es la rueda que mueve al mundo, y cuando esa ruega, ese engranaje se estanca o rompe, la sociedad entera sufre y se merma.

Nosotros en la CONIC íbamos ya a la participación de los negocios creando un interés de acciones que daba oportunidad a los obreros, como muchas empresas lo hacen aquí, que después de 30 o 40 años se retiran con mucho dinero, porque las conquistas que le dan son acciones, es decir, participación directa en la empresa.

Aquí en Miami no hay grandes empresas como en el norte que pueden dar ese tipo de beneficio. No sé si se habrá dado cuenta que el que viene retirado del norte viene con un retiro bien responsable para su vejez y poder pasarla tranquila. Esto es lo que en definitiva las distintas sociedades tienen que hacer en el mundo.

En Europa pasa mucho esto, y ya aquí está pasando…, es un beneficio; nosotros y varias empresas ya teníamos el sistema primero. A nosotros se nos daba en Cuba oportunidad de comprar acciones. Tú comprabas cinco acciones, por ejemplo, yo que era un muchacho de 20 años y ya tenía algunas acciones. Mi padre fue administrador en Oriente y tenía un montón de acciones. Su vejez estaba asegurada, además de un buen retiro.

Nosotros nos retirábamos con el 90% del salario. Oiga esto: nosotros trabajamos once meses y se nos pagaban 13 al año. Esto todavía en el mundo no existe. A nosotros cada bloque de 5 años, aparte de los aumentos salariales, automáticamente cada cinco bloques nos daban 10 dólares.

Mi padre ganaba, aparte de su salario, 60 pesos por antigüedad, eso lo sabe muy poca gente. Los petroleros ya todos iban por ahí, nosotros no teníamos sólo cuestión de dinero, nosotros teníamos cursos de capacitación:

Por ejemplo, usted quería estudiar, y había cursos de estudiantes; si usted quería ser ingeniero, por ejemplo, matriculaba en la universidad y le daban cuatro horas libres para que pudiera estudiar, y le pagaban 8; y cada vez que usted traía la asignatura aprobada, le daban 50 dólares. Esto ya existía hace 50 años en Cuba, pero hoy en día al obrero lo desbaratan. Dicen que puede estudiar todo el mundo, pero después se lo sacan de sus costillas, y tienen hasta que cortar caña.

Nosotros teníamos un seguro de bienestar obrero en el cual participaban empresas, era como decir hoy día aquí que nos atendían, después nosotros queríamos ir al especialista mejor de Cuba, para ciertas cosas, y nos conseguían un turno y nosotros participábamos de eso

Teníamos una cooperativa de consumo, comprábamos ropa zapatos con un 6% y teníamos rebaja en cooperación con diferentes tiendas de un 30%, una cooperativa que era millonaria. Teníamos un reparto eléctrico, se compraba una finca, se parcelaba y entonces se vendían en 200 y 300 pesos cada una, y cuando usted tenía pagado el terreno, buscaba el arquitecto y hacía la casa que usted quisiera…, la llevaba a la caja de retiro, y la caja de retiro se la hacía y le daba 7 años al 3% las mensualidades.

Una de las conquistas mayores que teníamos allá era la compañía de electricidad, que entra en Cuba en el año 40 con el acuerdo que se firmó de qué cada vacante que tuviera un americano, tenía que ser sustituido por un cubano dentro de la empresa; no podía traer a otro americano.

Llegó el momento de la supervisión sindical en el sentido de enseñar lo que es el sindicato. Dábamos exámenes de ingreso en la compañía, una de las asignaturas era sindicalismo y el individuo que comenzaba a trabajar era por vía sindical.

Nosotros constantemente teníamos un departamento de prevención de accidentes, como nunca lo he visto aquí; y había asesoría. Constantemente se les enseñaba a todos los empleados de la compañía a dar los primeros auxilios, sabían que esto era obligatorio, e incluso, si salvaban una vida les daban 100 dólares.

La entrada a las empresas era por el sindicato, nosotros dábamos clase de sindicalismo, los analfabetos se acabaron, nosotros los enseñábamos a leer y a escribir, y en seguridad en el trabajo, porque era muy peligroso.

Tristemente, en el año 40 Batista apareció en la CTC y todo el que trabajaba y estaba en el sindicato tenía que pagar. Se creó la cuota sindical obligatoria, aparte de las otras cosas que se crearon.

Carlos Tercero, donde estaba el edificio de la compañía de electricidad, era del obrero, no de la empresa. Nosotros lo fabricamos y se lo rentamos a la compañía, costó 12 millones de pesos.

No te lo puedo dar la cifra de la cantidad de obreros sindicalizados que teníamos, lo que si te puedo decir a grandes rasgos, es que eran 33 federaciones nacionales, federaciones muy populares, como la azucarera. En los centrales azucareros yo diría que un 80 % de la fuerza laboral en Cuba estaba organizada.

No había federación de bolsillo, ni nada de eso y sobre la democracia… La democracia se empieza de abajo hacia arriba. La democracia significa pueblo opinando, y el pueblo en su gran mayoría, es la clase trabajadora.

En el movimiento obrero en Cuba ya habíamos tenido, un sin número de dirigentes obreros que fueron representantes, senadores, y ministros… En plantas eléctricas, teníamos a Jiménez, de Matanzas; a José Antonio Núñez Carballo, que fue representante y ministro de gobernación de Camagüey; Aguirre, de los gastronómicos, fue representante y ministro del Trabajo.

O sea, en la influencia de los dirigentes sindicales era muy grande, inclusive llegó al famoso acuerdo de los años 40, donde en sustitución de los grandes jefes americanos por cubanos, da la coincidencia que muchos de ellos habían sido extraídos del sindicalismo como Carballo, Gómez y Ángel Lafont que fueron dirigentes obreros, y después ocuparon posiciones en empresas.

Mira qué ironía de la vida, el machihembrado obrero patronal que se necesita. Nunca se sabe dónde empieza la empresa y dónde termina la federación y dónde empieza la federación y dónde termina la empresa, porque es humano, y mire si hace falta esto en la futura Cuba que debemos buscar que se restablezca lo que teníamos,…porque era brillante.

Los sindicatos en Cuba, hoy en día, existen nominalmente y está la estructura, lo que no existe es la esencia, puesto que el sindicato hoy en día es un poder trasmisor de 4 individuos impuestos por el régimen, y no del nivel de pueblo o de asambleas que nombran a esa gente por sus méritos sindicales, sino por méritos comunistas a favor del Gobierno, no hay esencia sindicalista.

Existen las estructuras, lo único que hay que llenar esos huecos. O sea, ahí es donde va a jugar el papel la CONIC. Hoy en día hay sindicalistas presos en Cuba; hay como 7 presos, los hombres del futuro de Cuba del sindicalismo, porque se lo han ganado por su lucha, ¿quién le regatea a un individuo de esos que ha cumplido 10 o 12 años, que lo quieren nombrar presidente o secretario general, quién le va disputar eso, al contrario va a ser un hombre que llega con simpatía a la posición?

Por eso esencialmente el sindicalismo está ligado muy estrechamente con la democracia, porque la democracia es sindicalismo.

La fuerza no debe ser más que una de las herramientas de la justicia, como la arena es sólo uno de los elementos del concreto: ¡La fuerza es perversa si rige por fuerza! –M. S.

LO ÚNICO MALO QUE TIENE CUBA ES QUE...

Por Miguel Sanfiel

Cuba es una isla de bellas palmeras, playas encantadoras, entre las que se destaca como soberana la Playa de Varadero; montañas siempre verdes, sin esa nieve que aunque puede ser bella, es fría. En Cuba todo es cálido: ¡hasta los inviernos! después de la noche, en cuanto sale el Sol, es raro que nadie saludable tenga que usar un suéter para arroparse. La caña de azúcar, aunque hay menos ahora, después de la Revolución, pero siempre adornan el paisaje y endulzan la boca. Las plantaciones de tabaco, la mejor variedad del mundo; los cocoteros, los lugares hermosos geográficamente como Cienfuegos, Sancti Spíritus, Gibara, El Vedado, Baracoa, en Oriente. Baracoa es la ciudad primada, primera capital de Cuba; con su Río Duaba, su Río Nibujón, su Playa Barigua, de arenas negras; con imponentes montañas donde resalta majestuoso "El Yunque", con una vegetación exuberante. El Valle de Viñales; el Valle de Yumurí; las interesantes Cuevas de Bellamar, La Bahía de Nipe –una de las más grandes del mundo…y así pudiéramos seguir llenando cuartilla tras cuartilla hasta formar un libro citando las bellezas de esta tierra encantada, tan hermosa que el descubridor de América dijo: ¡Es la tierra más bella que ojos humanos han visto!

Además, la calidez natural del cubano que se podría decir, "es una raza" surgida de la fusión del español con el negro africano y otras razas que, ha dado como resultado "la mulata" mujer de excepcional belleza y cualidades artísticas sobresalientes. Cuba tiene que agradecerle mucho a la raza negra: desde su independencia, porque la gran mayoría de los mambises era negros o mulatos, hasta nuestra másica, y nuestros deportes.

Cuba es una de las naciones del mundo que ha producidos más géneros musicales, y músicos tan universales como Ernesto Lecuona, Pérez Prado, y Benny Moré. Cantantes como Celia Cruz, Olga Guillot, Xiomara Alfaro, Marta Pérez, Fernando Albuerne. Genios del ajedrez, como José Raúl Capablanca, que llegó a ser el primer campeón mundial de ese juego-ciencia. Próceres de dimensiones gigantescas como José Martí y Antonio Maceo. Científicos que encontraron la cura para enfermedades que azotaban América, como Carlos J. Finlay.

Cuba fue la primera en tener un ferrocarril en América, inclusive primero que España, que era la metrópolis colonizadora de la isla. Cuba es también la tierra que en función de su tamaño tiene más peloteros en las Grandes Ligas, excelentes boxeadores, bailarinas de fama mundial. Artistas dramáticos y comediantes; escritores de alto calibre, como Alejo Carpentier, Félix B. Cagnet, Poetas grandiosos como José María Heredia, Agustín Acosta -que es nuestro poeta nacional-

Así que, dicho eso, y sabiendo que hay un millón más de cosas buenas por decir acerca de Cuba y los cubanos, comenzaré a exponer LO UNICO MALO QUE TIENE CUBA, QUE ES QUE, BAJO LOS CASTROS Y EL SISTEMA COMUNISTA:

1. No hay libertad de movimiento, de expresión, religiosa, ni económica.
2. El ciudadano estuvo por 54 años sin poder salir al exterior, y ahora que puede, ningún país le quiere dar visa, porque saben que se van a quedar debido al desastre general en la nación.
3. No se puede formar un partido político y aspirar a cargos elegidos en voto secreto y universal.
4. No podemos ni mencionar "derechos humanos" pues el sistema en seguida te identifica como contra revolucionario y "contra revolucionario" te pone en el grupo de los parias sociales, y de aquellos que tienen un pie en la calle y el otro en el hospital, en el cementerio, o la cárcel.
5. Virtualmente no te puedes mudar para La Habana, aunque te guste más que el queso al ratón, porque el Gobierno te "deporta" a tu lugar de origen.
6. El salario del obrero normal son unos 20 dólares al mes, lo cual no alcanza ni para 15 días, y entonces tiene que "inventar" y ver como "resuelve" y eso es muy difícil en un país donde la transportación es escasa, y donde te tienen vigilado por los Comités de Defensa de la Revolución (CDR), y otros organismos del Estado.
7. Muchas de las medicinas que el médico quisiera prescribirte no están disponibles en las farmacias cubanas, y él se ve obligado a indicarte aquellas que están disponibles aunque no sean las más efectivas para tratar tu caso.

8. Si tienes un accidente, es posible que "la ambulancia" (que no tiene equipo de salvamento) se aparezca a las dos horas, cinco horas, si es que llega...

9. Los alimentos son tan escasos que pensar en una "dieta para un enfermo" levanta sospechas y es como ponerse a planificar ir a China contando con 20 pesos para el viaje. Y una "dieta para adelgazar" o comer sano, arranca sonrisas, por lo inasequible.

10. El nuevo "presidente" que venga (si es que antes eso no se derrumba el régimen,) es el que designe, "de   a dedo", Raúl castro; le guste o no al pueblo.

11. Usted tiene que consumir "lo que hay", vestir "lo que venga" y calzar lo que "te toca" por la libreta cuando le llega el turno de comprar, pues si no, hay que resolver como se pueda.

12. El régimen es "intocable". Es decir, no es como en los Estados Unidos, que puedes aceptar o discrepar. En Cuba es "acéptalo o atente a las consecuencias".

13. Para comprar un carrito "transportación", es decir, en no muy buenas condiciones, tengo que ser de la clase media. En Cuba hay dos clases medias: la clase media, -casi salvándose- y la clase media -casi ahogándose- ¿Ricos? ¡Solo los altos jefes de la élite gobernante!

14. La forma más rápida y segura para ir al extranjero, es casándose con un extranjero, (aunque sea más feo que un sapo, y más pesado que un elefante).

15. En el 90 por ciento de los casos, hay que delinquir para sobrevivir o vivir un poquito mejor.

16. Si estás en una clase de historia, te enseñan que todos los gobernantes anteriores a 1959 fueron perversos e imperialistas, y que desde entonces a acá, están "los dos angelitos de Birán" construyendo el socialismo para librarnos de los imperialistas ¡hacia los cuales ha

habido tres éxodos masivos y un éxodo constante por cualquier medio posible: balsa, matrimonio, deserciones...lo que esté al alcance!

17. La transportación municipal se hace 50 por ciento en camiones casi cerrados totalmente, sin aire acondicionado, y con unos bancos de hierro o de madera insoportables, pues no están acolchonados.

18. Los "taxis", en buena parte, no son taxis, sino bici-taxis, que no es otra cosa que una bicicleta pobremente acondicionada, y pedaleada por un pobre hombre que no tiene otra manera decente de ganarse la vida.

19. Cuando visito Cuba, tengo que llevar todo lo que mi billetera me permita comprar, pero con limitaciones de peso, registros, decomisos, etc. porque si no llevo, doy la sensación de ser un maldito que no quiere ni a su progenitora.

20. Si te relacionas sentimentalmente con una persona bastante más joven que tú, ya te pones en la clasificación de "pervertido y viejo/vieja verde, pues para ellos no existe el amor, sino el interés.

21. Para sacar el material audio visual que haya tomado tengo que esconderlo y "buscar la manera" de traerlo como si fuera una droga o las pruebas de un crimen.

22. El régimen está acabando con mi patria, y no puedo hacer nada por ella, porque Estados Unidos me lo prohíbe, y el Gobierno cubano me castiga.

23. Tienes que estudiar la carrera que "esté disponible" no la que tu vocación te pide.

24. Las cosas malas se perpetúan, y las buenas casi nunca llegan. -Y si llegan se acaban en seguida, porque todo mundo le cae encima como las moscas al pescado-.

25. Te critican y hasta te persiguen si crees en Dios, ¡pero te piden que confíes en los buenos deseos de la

Revolución! -aunque a mi abuelo le hayan dicho lo mismo hace 58 años, y todo siga igual-.

26. Si necesito ingresarme en un hospital tengo que llevar de todo lo poco que hay en la casa, menos las cucarachas –esas las pone el hospital-.

27. Si se te presenta una emergencia, por ejemplo, asma, es posible que recorras varios lugares de ayuda médica, y todavía no encuentras el tratamiento necesario.

28. Se llevan los profesionales mejores o con más experiencia, para alquilarlos en Venezuela, Brasil, Bolivia, Angola, etc. y a los cubanos nos dejan con los que comienzan a practicar la carrera

29. Se festeja el día 26 de Julio, cuando debiera ser una fecha luctuosa, ya que ese día murieron decenas de cubanos por la temeridad de algunos que quisieron adueñarse del poder por la fuerza.

30. Toda la radio y toda la televisión se promoviendo el régimen y el sistema imperante, y que del exterior solo se conozcan los eventos negativos.

31. Si en Cuba ocurre un desastre natural, el Gobierno no acepte la ayuda de los Estados Unidos, por orgullo o para dar la falsa imagen de que el régimen es auto suficiente, pero es el pueblo el que sufre las consecuencias de esa política errónea.

32. En general, y por causa del "Comandante en jefe", Cuba está hoy peor, en casi todos los sentidos, incluyendo la libertad, que como estábamos en 1958.

33. El único periódico nacional es el Granma y todas sus pocas páginas (gracias a Dios que no son más) están llenas de consignas, mentiras, y todo aquello que ayuda al régimen a perpetuarse.

34. El Gobierno tiene que subsidiar los productos de la alimentación, porque con lo que de paga de salario por el trabajo, no sería asequible.

35. Para visitar mis familiares en Cuba, tengo que pedir una visa, y estar sujeto a su aprobación –no se dan explicaciones si es denegada- y solo puedo permanecer en "mi patria" el tiempo que el Gobierno me permite.

36. Soy catalogado como "turista" cuando visito mi patria; y tengo que pagar el costo de los documentos y el pasaje que el régimen fija, si es que me dejan entrar.

37. El costo de las llamadas telefónicas es arbitrariamente cotizado a más del 500 por ciento de lo que cuesta en otros países de América.

38. Los cubanos no puedan tener el beneficio del servicio de internet, y aun el servicio telefónico es restringido o hay que pagarlo a un costo tan excesivo que buena parte de la población no puede costearlo.

39. Nuestros jóvenes se prostituyen empujados por la falta de valores morales, la incapacidad o falta de voluntad del Gobierno de desarrollar la economía, y otros ponderables que inciden sobre este particular.

40. El Gobierno incentiva, patrocina y promueve la violencia de un segmento de la población, sobre otro segmento de la población.

41. Cuba es un país donde tú le preguntas a un niño que qué desea ser cuando sea mayor, y te dice muy tranquilamente: quiero ser extranjero, o "quiero ser jinetera" (prostituta) o jinetero.

42. Es un país donde si caes preso -y es muy fácil caer preso- cuando cumplas la condena, te pueden dejar encerrado por "peligrosidad pre delictiva".

43. Es un país donde todos los periódicos, la radio y la televisión son propiedad del Estado y trasmiten e informan lo que quieren y les conviene solamente.

44. Es un país donde después de 58 años de desgobierno y necesidades de todas clases, los dirigentes te siguen pidiendo que creas en su buena voluntad y te aprietes el cinto un poquito más.

45. El Gobierno cubano es muy mal constructor, pues hace 58 años que están "construyendo el comunismo", y en general, el pueblo vive peor que antes de 1958.

Lo malo de Cuba no es su tierra, ni sus playas, ni su gente; es el sistema comunista, que no funciona allí como no funcionó tampoco en la Unión Soviética, Alemania del Este, Polonia, Hungría, Albania, Corea del Norte, Venezuela y todas las otras naciones que han tenido el infortunio de padecerlo.

No logra el que quiere, sino el que intenta por caminos adecuados, ¡y con las herramientas necesarias! –M.S.

EL EMBARGO NORTEAMERICANO A CUBA: ¿LEVANTAMIENTO UNILATERAL?

Jorge Hernández Fonseca.

12 Octubre de 2014

Jorge Hernández Fonseca es ingeniero mecánico. Máster y Doctor. Trabajó en la industria y la agricultura azucarera. Fue profesor de Diseño industrial en el ISDI, y de ingeniería en la CUJAE. Fue el autor del Tren Bus de donde surgió el "camello" usado en la capital de Cuba.

Fue profesor de Estudios Superiores del Amazonas, en Brasil, donde vivió por 25 años.

En el presente reside en Miami y es profesor de College.

El New York Time (NYT) acaba de publicar un editorial pidiéndole al presidente Barack Obama que restablezca las relaciones diplomáticas con la Cuba de los hermanos Castro como forma de retomar con la isla las relaciones comerciales, de manera que sea evidente la necesidad de que el congreso norteamericano levante el embargo comercial que EUA mantiene sobre Cuba.

Como es natural, varios analistas políticos de asuntos cubanos también han escrito al respecto reforzando algunos argumentos del NYT o repitiendo argumentos utilizados por la dictadura cubana en su afán de obtener, sin pagar su precio, semejantes beneficios. Es claro que ni el NYT ni ninguno de los que hasta ahora ha escrito contra el embargo ha dicho que la hostilidad no es sólo de EUA hacia Cuba, sino que es mutua, por lo que mutuas deben ser las concesiones.

El embargo ha sido un tema recurrente en el campo de las relaciones entre La Habana y Washington, que ha servido como punto de debate entre opositores, sobre todo entre los que viven en la isla y los que han ido al exilio, con argumentaciones de todo tipo en ambas partes.

Es importante repetir que uno de los argumentos fundamentales contra el embargo es que representa una política fracasada, porque no ha sido efectiva en los cincuenta años que lleva de aplicación, asumiendo que es una política proactiva para derrotar a Castro, cosa falsa. Vale la pena recordar ahora que el embargo económico que EUA impuso a Cuba es una política reactiva en el campo económico, que tiene como objetivo penalizar los activos cubanos en el exterior, como reacción a las confiscaciones que Castro hiciera de bienes estadounidenses en tierra cubana sin compensaciones, importante aspecto del que no se habla, o se habla poco.

Durante muchos años la Cuba castrista dejó de mencionar el embargo como un tema relevante que afecta la isla. Es a partir de fracaso socialista soviético que Cuba recomenzó un proceso de asumir el papel de víctima, que se ha hecho campaña urgente actualmente, a partir de la posible desaparición del apoyo venezolano enviando petróleo a la isla a cambio de servicios médicos.

Ahora es una necesidad para Cuba comerciar con EUA, sobre todo, obtener créditos y suministros varios entre aquellos contenidos en las limitaciones de la ley Helms-Burton.

Es aquí donde debe comenzar el análisis de la posición que tenemos los cubanos contra el levantamiento unilateral del embargo por parte de EUA. Los argumentos que siempre ha esgrimido la dictadura caen por tierra -y no vamos a dedicarle espacio- porque ya Cuba puede comprar en EUA todo el alimento y las medicinas básicas que quiera, siempre que la pague. El problema es que, lo que quiere la isla castrista es obtener fuentes frescas de financiamiento y comercio porque se les ha ido cerrando el cuadro debido a la falta de pago a sus acreedores y tienen a mano muy pocas opciones fuera de la apertura amplia del mercado norteamericano, para lo cual Brasil ya ha invertido mil millones de dólares de cara a ese escenario futuro.

En este contexto es que debe ser analizado el tema del embargo. EUA y Cuba tienen un profundo diferendo de tipo político, además del diferendo económico representado por el embargo, por lo que resulta necesario una negociación más seria que el simple hecho de levantar el embargo. No será levantando el embargo unilateralmente por parte de EUA como este va a lograr resolver las profundas diferencias que tiene con la Cuba actual. Cuba es líder en América Latina del sector más anti-norteamericano y más radical dentro de la izquierda continental, aspecto que es necesario también llevar a la mesa de negociaciones.

Siendo así, restablecer relaciones diplomáticas de EUA con Cuba, tirar a Cuba de la lista de países que apoyan el terrorismo, levantar el embargo económico y comercial de EUA sobre Cuba, entre otros diferendos mencionados por el

NYT, deben ser discutidos en negociaciones serias donde EUA no sólo actúe unilateralmente sino que también le exija a la Cuba castrista contrapartidas no mencionadas en el editorial del NYT, por cada medida que se tome en el camino del acercamiento de las posiciones entre ambos países. Si EUA establece relaciones con la isla, ésta debe por ejemplo, permitir el establecimiento de medios de prensa independientes en Cuba. Si EUA decide eliminar a Cuba de la lista de países que apoyan el terrorismo, Cuba debe, por ejemplo, autorizar la creación de partidos políticos de oposición. Si EUA decide levantar el embargo económico, Cuba debe reciprocar organizando elecciones libres multipartidistas a todos los niveles levantando el embargo interno de la dictadura.

Pudiera parecer que elecciones libres en Cuba no tiene nada que ver con los intereses norteamericanos, pero es un error pensar así. Si hay algo que EUA en estos momentos valora en la Cuba actual es su estabilidad interna, muy por encima de la derrota de la dictadura. Por tanto, la estabilidad política dentro de Cuba, siendo un valor apreciado en EUA, solamente puede garantizarse si se propicia un tránsito pacífico a un Gobierno democrático. Si bien en la actualidad las fuerzas internas están estabilizadas en la isla por el nivel de represión existente, a la muerte de los hermanos Castro pudiera sobrevenir un desajuste e implantarse el caos, precisamente entre los bandos internos ya existentes, si es que EUA no se preocupa desde ya con el porvenir democrático de la isla, atendiéndolo ahora en las negociaciones por venir.

También sobre las negociaciones ocultas que han llevado a cabo Cuba y EUA, la prensa norteamericana ha hablado profusamente en estos días, tanto de la administración actual como de algunas anteriores. Eso significa que si bien la dictadura cubana se niega a reconocer y conversar con la oposición política de la isla (y a su vez la mayoría de los opositores cubanos se niegan a conversar con la dictadura que los oprime y ningunea) EUA sí está interesado en esa negociación y probablemente ya esté dando pasos "por debajo de la mesa" en ese sentido.

¿Por qué apoyar la campaña de presiones contra el Gobierno de EUA para que levante el embargo externo, sin paralelamente pedirle a la dictadura cubana que levante el embargo interno que tiene contra su pueblo? ¿Por qué las organizaciones políticas de la oposición cubana no piden a Barack Obama que no haga ninguna acción unilateral en el campo de las relaciones con Cuba, hasta que la dictadura cubana no pague el precio que tiene cada medida?

Lo correcto sería una negociación entre la Cuba castrista y Estados Unidos donde cada uno de los intereses colocados en la mesa de negociaciones sea llevado en cuenta. Por ejemplo, EUA le ha pedido muchas veces a la dictadura cubana un gesto unilateral con Alán Gross y la dictadura siempre ha insistido en la "reciprocidad", diciendo que solamente libera al norteamericano cuando los tres espías cubanos también sean liberados. Ante esta actitud y ante esta lógica de la propia dictadura, lo único que cabe es negociar reciprocando acciones.

Para nadie es un secreto que la Cuba castrista encabeza una campaña para presionar al Gobierno de Obama a levantar el embargo unilateralmente con vistas a prolongar su estancia en el poder y alargar el sufrimiento del pueblo oprimido de la isla. Para ellos ha inventado argumentos subjetivos, como "oportunidad histórica", entre otros. La pregunta que salta a la vista es ¿por qué un periódico de la talla del NYT sugiere un grupo de medidas unilaterales por parte de EUA sin pedir nada a cambio a la dictadura cubana, en un país falto de libertades de todo tipo, lo que representa una amenaza a la estabilidad política a sólo 90 millas de EUA?

A partir de lo dicho por el NYT, la discusión ahora no es estar a favor o contra del embargo. La discusión es ver como el levantamiento del embargo conduce a la isla por un camino de verdadera estabilidad, no solamente económica como quiere en NYT y el Partido Comunista de Cuba, como también política, como desea todo el pueblo cubano y buena parte del norteamericano. La opresión a que está sometida la sociedad cubana continuará si se levanta el embargo unilateralmente y será una espada de Damocles pendiente sobre la estabilidad interna de la isla, que en cualquier momento estallará -nadie lo dude- como un imprevisible polvorín.

Así como no quiero estar en los zapatos de los enfermos o desventurados; así no quiero vivir la vida de los usurpadores y egoístas -que son otros desventurados y enfermos incurables. –M.S.

LO QUE LA NIÑEZ CUBANA QUIERE SER CUANDO SEAN GRANDES

Por Miguel Sanfiel

Uno ve un crimen y se asusta, se pregunta ¿es el humano lobo de su hermano?

Uno ve un crimen y cuestiona la efectividad de los gobiernos y la sociedad misma para erradicar o impedir comportamientos de esa clase. No importa el tipo de crimen: si es robo, estafa, matar…es un crimen que no solo perjudica a la víctima, si no que, como la onda que se forma en el agua cuando se tira en ella un cuerpo extraño, así el crimen que se comete contra un individuo, tiene sus efectos nocivos en la sociedad toda. Claro está que no es un efecto avasallador, pero se hace sentir, porque la sociedad no es otra cosa que la suma de los individuos de una región o país; y el conjunto de las sociedades regionales forman esa gran sociedad nacional, que parece enorme, inconmovible si se toma como un todo, pero que es muy vulnerable si se desmenuza en individualidades, que es realmente lo que son.

La persona es la célula social, y una célula enferma en cualquier cuerpo merece atención, porque esa célula tiene por todos lados otras células que están interconectadas, que usan el mismo oxigeno y los otros elementos para vivir y llevar a cabo su función. Una sociedad fuerte se compone de individuos fuertes. Una sociedad culta tiene que estar forzosamente formada por individuos cultos; no hay de otra.

El brote del virus del ébola en África puede ejemplificar eso que afirmamos en los párrafos anteriores: Los lugares donde comenzó la epidemia no fueron las capitales de Nigeria, Guinea, Liberia o Sierra Leone, si no en pequeñas aldeas o pueblos ¡y el mundo entero se alarmó! Y ¿por qué? Pues por el solo hecho de que representaba un peligro de que se esparciera a otros lugares. Las victimas en si no parecían importantes antes de que esto sucediera, pero cuando alguien contrajo ese virus, inmediatamente se convertía en una persona de inmenso valor debido a que podía contaminar a sus familiares, amigos, lugares donde asistía etc. Y se tomó sumo cuidado en tratar de curar a ese individuo. Todo se hacía en beneficio de la sociedad mundial. No se reparó en costos, en riesgos del personal de la salud; todo se subordinó al interés de los 6 mil millones de habitantes que pueblan la tierra. Obviado ya ese tema, vamos a retrotraernos al título de este artículo: Lo que la niñez cubana quiere ser cuando sean grandes (mayores). Por experiencia personal puedo atestiguarlo, pues he hecho varios viajes a Cuba, la mayoría de ellos por un mes de estancia allá. Además, me mantengo en contacto perenne con lo que sucede en el plano familiar y también en el ámbito local donde residen mis familiares y amigos, y en el plano nacional a través de los diferentes noticieros, etc.

Hace sólo unos días me tropecé en Youtube un video donde alguien que llevaba una cámara de video se tropezó con varios niños en la calle, y les preguntó qué querrían ser ellos cuando crecieran. ¡Horror de horrores! Una niña le espetó la frase: "Yo quiero ser jinetera" (prostituta). Otro dijo: "Yo, gerente de un restaurante". Eso necesita una pequeña explicación y es la siguiente: En Cuba, la persona que tiene un restaurante, es la que tiene mayor influencia, es la que consigue acumular dinero; y en Cuba tener CUCs es el paso directo hacia una muda de ropa bonita, hacia un helado de chocolate, hacia un par de zapatos cómodos, etc. cosa que la persona común no puede alcanzar.

Pues bien, el tercer niño dijo que quería "ser jinetero". Ya sabemos el significado de la palabra. Cosa impensable que un niño de 10 o 12 años tenga ya pensado y decidido tener una profesión tan baja, tan discriminatoria del valor humano.

El cuarto niño dijo que quería ser policía. Eso es común entre los niños. La quinta niña dijo que ella "quería quitarle el dinero a los "Yuma" (los extranjeros). Eso es inusual que una personita de esa edad esté pensando en cómo despojar a un extranjero (que es el que se sabe que trae dinero).

El sexto niño escupió en el suelo, y dijo algo verdaderamente increíble: "Yo quiero ser tirano".

Amigo lector ¿Has oído alguna vez no solo a un niño, has oído alguna vez a alguien decir que quiere ser "tirano"?

¡Pues ese es el gran drama de Cuba, que el Gobierno castro-comunista ha pervertido, desviado, erosionado, diluido tanto la conciencia nacional, que los niños, de quien José Martí dijo que eran "la esperanza del mundo" se perfilan como un virus temible para la sociedad cubana enferma ya por si debido a 56 años de engaños, de pobreza que se percibe como un callejón sin salida, donde el individuo se ve acorralado e indefenso ante el martilleo diario de las necesidades básicas insatisfechas, y apela a lo que sea para salir de esa situación. No le interesa la honradez, no le interesa ser noble y esforzarse. Lo que todo su ser quiere es satisfacer esas necesidades básicas que son:

1- El alimento: No solo el que nos nutra, sino lo que atrae a los ojos por su sabor, olor o consistencia.

2- La seguridad: no solamente tener un techo que nos cubra de la lluvia, el sol, el frio, las personas que no solo del círculo familiar, si no unas paredes bonitas y adornadas con cuadros, etc.

3- La necesidad social: el ser humano es gregario; necesita del afecto casi tanto como del alimento físico; y cuando el individuo se ve rechazado por otros miembros de la sociedad ese individuo se percibe a sí mismo como alguien indeseable.

4- La necesidad de reconocimiento es muy fuerte. El que no nos tomen en cuenta, que no nos aprecien, es una de las sensaciones más desagradables que uno pueda experimentar; tal es así, que sentimos gran placer porque nuestro perro salga a recibirnos. Uno de los "secretos" de las mascotas es que nos hacen sentir superiores y a la vez recibimos demostraciones de afecto de las mascotas, pues aunque sea para satisfacer sus propias necesidades, nos buscan.

5- La necesidad de auto superación brota en cuanto las demás necesidades básicas están satisfechas, porque la dinámica del espíritu humano está siempre en lucha con la inercia, que es la incapacidad que tienen los cuerpos para salir del estado de reposo, y aunque físicamente tendemos a vivir con la ley del menor esfuerzo, es tanta la fuerza del deseo innato de nuestro José Martí dijo la certera frase: "Ver un crimen en silencio, es cometerlo", pero ¿qué puede hacer en Cuba un padre, un maestro, un amigo, un prójimo, para resguardar a los niños de esa podredumbre que vemos en el video de Youtube mencionado anteriormente, cuando esos niños se expresan así porque vienen de una sociedad corrupta debido al sistema que los oprime y cuya máxima comunista es "El fin justifica los medios", cuando el niño oye y ve cosas que no debiera ver. Hay muchas cosas que un niño nunca debe oír o ver, como por ejemplo, las peleas entre los padres o hermanos, las malas palabras, las quejas constantes, la promiscuidad, el hurto abierto o disfrazado un poco pero detectable. Los niños saben mucho; los niños son muy perceptibles y a veces dan una lección a los adultos que nos dejan pasmados como a mí me sucedió hace unos días con una niña de tres años, según me dijeron; mi esposa la cuidaba mientras la mamá trabajaba; llego de la calle y la niña viene a mostrarme una flor que había cogido de mi patio; por "buscarle la lengua" como se dice comúnmente, le digo: ¿Me cogiste mis flores? Ella instantáneamente me responde: "Es que mi mami no tiene flores y se pone triste". Es decir, ella se quita un poco la culpa de haberme arrancado las flores mostrándome que no lo hizo por hacerlo, sino por alegrar a su madre cuando regresara. Pero más asombroso todavía, ya que da una media vuelta y dice: "Yo te dejé flores para ti y para tu niño" ¡Una lección de sicología aplicada increíble!, pues ¿por qué habría yo de disgustarme si aún tenía flores para mí y para mi niño?

Volviendo al tema central que nos ocupa: "Lo que la Niñez Cubana Desea ser cuando sean Grandes", no es nada de qué admirarse cuando sabemos en el ambiente de pobreza, hacinamiento, falta de alimentos, malos ejemplos, etc. acribillando su cerebritos con mensajes cruzados como, "tienes que darlo todo por la Revolución"; pero la Revolución, (que es el dios inventado por Fidel Castro para en su nombre "sagrado e intocable" hacer cuanta cosa se le antoja), no puede proporcionarte un techo adecuado, ni alimentos que te nutran y gusten, ni trasportación que suplan tus necesidades, ni zapatos cómodos para tus pies que duelen. Fidel Castro lo que hace es "quemar las brujas y los herejes" como en los tiempos de la Santa Inquisición, (que inquiría y castigaba los delitos contra la fe católica, pero terminaban siendo ellos –los inquisidores- más criminales y más infieles a las doctrinas que pretendían defender, que aquellos a los que perseguían. Y Castro ha formado (más bien ha deformado) una sociedad donde es cotidiana y omnipresente la doble moral, donde hurtar es "resolver", donde prostituirse es "luchar", donde mentir es "cuidarse el pellejo" y donde, en fin, TODO SE VALE, si es en nombre de la supervivencia, sea ya del sistema como la personal.

Por esa razón, las frases de estos niños cubanos, que no fueron instruidos, ni pagados para decir lo que dijeron, duelen mucho, y a la vez sacan del sepulcro el esqueleto de esa Revolución muerta y putrefacta que en nombre de "una sociedad más justa" ha acabado siendo una copia desfigurada y bochornosa de lo que se anunciaba que se perseguía. A esta Revolución le pasó lo que a muchas mujeres bellas le ha sucedido, que en su inconformidad con su apariencia han querido a la fuerza mejorarse con implantes, rellenos, cirugías estéticas, etc. y han terminado en la morgue o tan desfiguradas, que ya no son ni la misma persona, ni son bellas.

No estoy en contra de los procedimientos estéticos, solo es que pienso que no se debe "arriesgar todo" por una conquista que al final es intrascendente, como ha hecho Fidel Castro, que si ha tenido éxito en la educación y quizás en la salud, se ha llevado también, como un ciclón o tornado las buenas costumbres, la moral del pueblo, y todo aquello que hace verdaderamente grande a una sociedad. Por esa razón, en la cuenta de lo que se logró y se perdió en el proceso Cuba, después de 58 años de Revolución, queda en conjunto con el signo de menos, a pesar de los algunos signos más que hayan existido.

Todo hombre tiene derecho a ser libre, excepto aquel que coopera con los que conculcan la libertad de otros. –M.S.

LA LECCIÓN QUE NOS DEJA LA REVOLUCIÓN CUBANA

Por Dr. Ramón Bonachea

(11/2004)

Ramón Bonachea nació en Cuba. Es bisnieto del general Ramón Leocadio Bonachea que titulan "el último rebelde" de acuerdo a Calixto García que rechazó el Pacto del Zanjón y se mantuvo en estado de guerra muchos meses.

Toda su familia salió al exilio. Estudió Derecho en Cuba y aquí en los Estados Unidos comenzó la carrera completa. Su carrera ha sido siempre en el campo de la educación universitaria. Fue decano de la Universidad. Fue prisionero político durante muchos años por la causa de "diversionismo ideológico" es decir, "propaganda enemiga". Participó en la fundación del movimiento disidente cubano, creando, junto a Ricardo Bofill, el primer grupo contestatario que se llamó Comité Cubano Pro Derechos Humanos, con un reducido grupo de personas, y esa fue la semilla que posteriormente dio lugar a los otros movimientos disidentes..

Se me ha preguntado que si el régimen de Fidel Castro deja algo positivo para el futuro de nuestra patria. Yo diría "positivo, no", sino más bien: ¿qué lecciones nos deja Fidel Castro para el futuro de Cuba?

Yo haría una síntesis sobre lo siguiente: en primer lugar, en todos los países, en todo los pueblos de este mundo, existe siempre la posibilidad de cuando hay un líder de la naturaleza de este señor –Fidel Castro- que practica el odio y va como decía Martí "con un haz de niños muertos en sus manos" provocando la violencia personal y colectiva, siempre existe la enorme posibilidad de que surjan elementos sociopáticos en la sociedad, que son precisamente los individuos victimarios que sufrimos en estos momentos, que sufre el pueblo de Cuba en la isla.

Esto me parece a mí que se basa en la impunidad, y en su concepto, un ejemplo de impunidad es la amnistía general, que dieron a los asaltantes del Moncada el 26 de julio del 1953.

En el año 1955 una amnistía respaldó, en efecto, la impunidad en ese momento... usted puede asaltar un cuartel no importa el régimen que exista en el poder; usted puede matar asesinar a un grupo de personas y a ser condenado a 15 años de prisión, pero las políticas y las condiciones políticas en el país producen una amnistía y usted sale a la calle impunemente.

En aquel momento en Cuba había tres corrientes fundamentales al escenario nuestro: 1) La corriente insurreccional, 2) Los que creían que a Batista no lo podía derrocar una insurrección; y 3) La corriente política. Esta última planteaba "votos si, balas, no" -Cosme de la Torriente fue uno de los primeros que se pronunció-

Existía, además, el sector neutral, que parecía ser la mayoría del país, pero que al ser neutral, tenía poco peso.

La amnistía se produce posiblemente pensando aquellos políticos cubanos, que Castro se sumaría al proceso político, y abandonaría la violencia insurreccional, pero no sucedió así, por supuesto, porque Castro desde ese momento aspiraba al poder, al poder total sin competencia de ningún tipo.

Esos políticos nuestros tradicionales, personas generalmente bastante ingenuas, se podía decir con perspectiva histórica

78

que creyeron que esa amnistía iba a traer a Fidel Castro al ruedo de los políticos; tan es así que cuando él sale de la prisión de Isla de Pinos, líderes del Partido Ortodoxo fueron a verlo a su casa para ofrecerle una posición de relativa importancia en el partido ortodoxo. Castro no lo aceptó; se fue para México y regresó, como todos sabemos, en aquella expedición del Granma.

Estos políticos, estas figuras que en ese entonces eran eminentes en nuestro país, por ejemplo, José Pardo Llada, comentarista número uno en toda Cuba; Luís Conté Agüero, un hombre de un enorme talento, amigo personal de Fidel Castro; y muchos más que lo conocieron y con la excepción de Rafael Díaz Balart, que se opuso a la amnistía, él lo conocía muy de cerca, pero todos estos también lo conocían. Todos ellos sabían que Castro era un pistolero de la Unión Insurreccional Revolucionaria; que era un matarife, que había estado casi encausado criminalmente por lo menos dos veces en el transcurso de su juventud por disparar por la espalda a enemigos de él. Todos ellos lo sabían, pero nadie se lo dijo al pueblo.

La gente de Batista no lo podía informar, porque ellos carecían de toda credibilidad. Un régimen que llega al poder mediante un golpe de Estado cancelando la constitución, no tiene credibilidad ninguna para dirigirse a una nación; sin embargo, los llamados a decirle al pueblo la verdad eran aquellos que lo conocían bien; pero no pasó así, no se le informó al pueblo.

Después se le inculparía al pueblo de llevar a Castro al poder. El hecho es que nadie le dijo al pueblo que éste era un individuo que era un asesino, un chantajista, un elemento peligrosísimo que, inclusive, hoy en día, se sabe por los documentos de la KGB de la Unión Soviética, que un agente de la KGB en México -que después expulsaron de Cuba en el año 56- habló con Castro y que éste asistía a entrenamientos marxista leninista en una casa en el reparto Miramar, junto con Antonio Núñez Jiménez, Alicia Alonso y otros elementos como esos que después fueron entrenados en países de la Unión Soviética.

Bueno, muy bien, aparte de eso, el Castro del año 52 al 58 es el Castro del 59 y de estos momentos. Sus objetivos eran entonces ir eliminando los líderes que dentro del sector insurreccional le pudieran hacer sombra.

Tuvo la suerte de que José Antonio Echevarría, líder del Directorio Revolucionario, extremadamente respetado por toda la nación, presidente de la FEU, cayó el 13 de marzo de 1957 a propósito del asalto al palacio presidencial, que dirigió un grupo que venía en alianza con Menelao Mora Morales, José Antonio Echevarría cae, pero un mes después, entregado por el Partido Comunista a aquel coronel Esteban Ventura Novo -uno de los victimarios que más daño le hizo al régimen de Batista en su periodo de Gobierno- pues ahí mueren cuatro de los líderes del Directorio, es decir, José Antonio muere el 13 de marzo, y el 20 de abril mueren Juan Pedro Carbó Serviá, Fructuoso Rodríguez, Joe Westbrook Rosales, y José machado; 4 jóvenes dentro del Directorio, jóvenes altamente respetados, muy organizados, demócratas y anticomunistas.

En varias ocasiones Fructuoso Rodríguez evitó que representantes de la juventud del Partido Socialista Popular de la Universidad de La Habana ocupasen los micrófonos de la estación de los estudiantes de la universidad, y se les tenía totalmente fuera del ciclo íntimo de la Federación Estudiantil Universitaria.

Y ni qué decir del Directorio: ese mismo año de de 1957 en el verano, en Santiago de Cuba, Frank País es delatado a las autoridades y cae muerto a balazos allí en Santiago, donde él era un muchacho respetado, religioso, también anticomunista, y sobre todo dirigente principal del Movimiento Nacional del 26 de Julio, ante cuya dirección nacional, Fidel Castro es el delegado militar; y sucede que una voz de mujer llama a la estación de policía de Santiago de Cuba y delata exactamente la dirección dónde Frank País se esconde; casi inmediatamente Vilma Espín le manda una nota escrita por mano propia a la Sierra Maestra a Fidel diciéndole "ahí tienes el mártir que querías".

Castro pasa entonces al control total de la dirección nacional del 26 de Julio. Ya Castro, por lo tanto, va limpiando el camino hacia el poder personal total.

Le queda, sin embargo, el Movimiento de Resistencia Cívica en La Habana, y el movimiento clandestino del 26 de Julio con sus células de acción; y convoca la huelga del 9 de Abril del 58. Manda a Faustino Pérez a La Habana donde se entrevista con los militantes del 26 de Julio y del Movimiento de Resistencia Cívica, que era una extensión de ellos; y ellos le dicen a Faustino Pérez que no tienen las armas necesarias, que no tienen el control del sindicalismo en Cuba, que la huelga va a fracasar y que si fracasa ellos van a ser diezmados, pero la orden continúa. Insiste Castro en mandar a la huelga, viene la huelga, fracasa y mueren varios dirigentes de la célula de acción; y a Manolo Reyes lo mandan para la Sierra Maestra donde lo dejan hasta el triunfo de esa Revolución. A Faustino Pérez lo nombra administrador del Territorio Rebelde de la Sierra Maestra, y en ese momento nombran a Fidel Castro Comandante en jefe de toda la insurrección en Cuba.

¿Qué le pasa al Directorio? El Directorio había abierto un frente guerrillero en el Escambray, pero dirigido por elementos mediocres como Rolando Cubela o Faure Chaumón. ¿Por qué digo "mediocres"? Bueno, porque teniendo más hombres sobre las armas, que el mismo Fidel Castro en la Sierra Maestra, o como Raúl Castro en el Segundo Frente Oriental Frank País, en el norte de esa provincia, le entregan el mando militar a Ernesto Guevara, un extranjero que viene de Argentina con ímpetus de mandar a los cubanos, y él cede la jefatura militar de la provincia de Las Villas, que es el centro de Cuba estratégicamente hablando, que es uno de los puntos más importantes en la isla en términos de combate de guerra, de pelea. Ya Castro, por lo tanto, poco a poco antes del primero de enero ha ido consolidando su posición como líder único de la insurrección cuando en el exilio los dirigentes más famosos de la política cubana, Carlos Prío Socarrás, Auriliano Sánchez Arango, todos aquellos hombres que eran políticos confiables, eran demócratas probados, tratan de ir a la unidad, pero Castro reclama que para él entrar en la unidad todo ellos necesitan conocer que él nombrará al presidente de la república, al jefe de las Fuerzas Armadas y al Gabinete; que tendrá, por lo tanto, a las fuerzas del poder legislativo. En otras palabras, Castro quería los tres poderes de la nación; y esta gente en vez de denunciar a Castro públicamente, de informar al pueblo cubano lo que Castro planteaba, y que eso era una dictadura lo que él quería, se callaron, tuvieron como un secreto de gallinas viejas, en definitiva, de chismes de barrio y no se lo anunciaron a la nación cubana. Más aún: El hombre de más prestigio en el Exilio cubano era el ex presidente Carlos Prío Socarrás, presidente constitucional de Cuba; y la organización auténtica, repetidas veces le sugirió al presidente que fuera para Cuba y se alzara en una de las montañas cubanas porque iba entonces a capitalizar por completo la atención de toda la nación y de la comunidad internacional. Prío nunca hizo eso, prefirió mandar la expedición de El Corintia, donde los muchachos fueron capturados y después de hechos prisioneros, asesinados vilmente por un par de individuos que después, claro está desaparecieron.

De ese asesinato culparon al coronel Fermín Cowley Gallegos, en el regimiento de Holguín que le costó la vida, pero no fue Cowley Gallegos quien los mató, fueron otros elementos oficiales de bajo rango que los asesinaron después de hechos prisioneros. Bien, el punto es que ya para el 30 de diciembre Castro estaba conspirando con los generales, por ejemplo, con Eulogio Cantillo en un escenario que en realidad es, no solamente ridículo, sino triste, muy triste, tristísimo.

¿Por qué digo esto? Porque esos generales que, su propia ignorancia del arte de lo militar había llevado al fracaso de la ofensiva del verano contra Castro -y dicho sea de paso, el Estado Mayor Conjunto emitía órdenes contradictorias a los oficiales de línea, a los oficiales de las tropas que estaban combatiendo-.

Yo me postulé y lo dije muchísimas veces; lo he escrito en libros, en artículos: las excusas de esos famosos generales era que los oficiales se vendían, eso era mentira; 46 años después no ha habido una sola evidencia probatoria de que alguien se vendió… ¡Imagínese usted guardar un secreto como ese entre cubanos!

Ese secreto se podía guardar en el Pentágono en término de armas de destrucción masiva, pero en Cuba no han encontrado ni quién compró ni quién se vendió; todavía no han dado prueba de que eso pasó, de que eso de verdad ocurrió. Las tropas combatieron al marxismo con sus recursos con sus energías.

Los oficiales que la dirigieron fueron oficiales valientes, pero fueron en realidad traicionados, es la palabra que le pega, por estos generales de pacotilla que nunca participaron en una guerra, que no sabían lo que estaban haciendo, muchos de ellos se dedicaban al contrabando más que a las cuestiones de su país; y al final han sido culpados los soldados y esos oficiales de lucha injustamente. No se ha escrito un sólo libro, ningún general ha escrito un sólo libro de sus propias memorias militares explicando: cuál era la estrategia militar, quiénes estaban al mando, cuáles fueron las órdenes, y por qué.

Eso no se ha hecho en 46 años, y usted puede revisar cualquier biblioteca, y usted verá docenas de libros escritos por generales norteamericanos explicando distintas campañas militares en distintos países del mundo, desde la Primera Guerra Mundial hasta ahora mismo en la guerra contra los terroristas en Irak, pero en Cuba no se ha hecho.

Se han publicado libritos anecdóticos; Batista, por ejemplo, escribió tres o cuatro libracos donde él culpa a todo el mundo menos a él; para él todo el mundo era traidor, menos él, y él no sabía nada de lo que estaba pasando "la tropa se negaba a pelear", lo cual es una soberana mentira: la Sierra Maestra está llena de soldados muertos en combate.

De modo que aquí tenemos una gran contradicción que los futuros historiadores tendrán que lidiar con este pedazo de nuestra triste historia. Pero el hecho es que después de la ofensiva del verano, ya Fidel Castro tenía el camino abierto hacia al poder, y los primeros que tratan de conspirar con Castro contra Batista son los individuos que tenían que estarle agradecidos a Batista por haberlos calzado, vestidos o haberlos hecho millonarios y haberle puesto en el pecho un montón de medallas que no se merecían. Esos fueron los primeros en tratar de conspirar contra sus amigos, sus compañeros de arma, sus colegas.

Verdad, Cantillo siendo posiblemente la excepción en término de su profesionalismo. Cantillo era en efecto un soldado profesional, pero aún así se reunió con Castro, que en ese momento era el enemigo, y pactó con él una serie de cuestiones. Y ya el resto de la historia todo el mundo la conoce.

¿Qué hace Castro después del 59? Lo mismo que hizo antes del 59, con la diferencia de que después del 59, desde el primer momento obtuvo el apoyo soviético.

Mire, poca gente sabe -por qué no han querido saber- que en el año 58 Castro estaba en la Sierra Maestra y Moscú autorizó un embarque de armamentos "al destacamento de Fidel Castro en la Sierra Maestra, Cuba". Son los documentos de la KGB, de los archivos de la KGB… ¿Cómo fue el proceso? Ante una compañía de exportación que estaba en San José de Costa Rica, llamada Compañía Apoliné Sociedad Anónima, se presentó un personaje de ellos que no hemos podido averiguar quién era, en la embajada de Checoslovaquia, y le pidieron armamentos para Castro en la Sierra Maestra. La embajada de Checoslovaquia le pasa la información a la KGB y la KGB presenta el planteamiento a Moscú, y Moscú lo aprueba. Moscú dice que Praga prepararía el embarque de las armas que no pueden incluir armas soviéticas, que deben incluir armas de la segunda guerra mundial.

Polonia pagará parte de la operación y los soviéticos entregarán esas armas en un submarino directamente en la Sierra Maestra. Bueno, pero aquí hay pilotos de la Fuerza

Aérea del Ejército y me han dicho directamente -él que era teniente Iglesias- que a ellos le ordenaron patrullar la zona de la costa sur oriental en busca de un submarino, y que llegó un momento que avistaron un submarino, pero que ellos creían que era venezolano. Lo saludaron... el hecho es que documentalmente el primer cargamento de arma que le mandaron los soviéticos a Castro fue en el triunfo de la Revolución; morteros de 60 milímetros, ametralladoras calibre 50 y 30, decenas de rifles Grant, y Springfield M-1, y cientos de miles de balas entregadas por los soviéticos en Cuba. Claro está, eso se viene a descubrir recientemente cuando el golpe que fracasó hubo acceso a los archivos de la KGB, y finalmente después desclasificaron muchísimos documentos que hoy en día siguen saliendo y sus traducciones se siguen haciendo al inglés y al español y ahí hemos descubierto muchísimo de los ángulos del señor Fidel Castro antes del triunfo de la Revolución.

¿Qué podemos aprender de todo esto? Creo que la lección está más clara que nunca: no nos podemos apartar del Estado de derecho en Cuba; la impunidad no es aceptable en ningún sentido a ningún nivel; que siempre tenemos que tener en mente que el deber del Estado es darle educación a su pueblo, salud a su pueblo, y trabajo a su pueblo; que el pueblo no está obligado a trabajar por la educación pública que se le da.

Es decir: si usted va hasta la universidad, usted no está obligado a trabajarle al Gobierno durante 20 años para pagarle esa educación no, no; es deber del Estado suplir a sus ciudadanos con esos servicios y objetivos siempre.

No podemos permitir nunca más un agitador como Fidel Castro o como Julius Streicher, en la Alemania de Adolfo Hitler que era el editor del periódico, el antisemita por excelencia en Alemania, y cuántas cosas provocó…, aunque después fue ahorcado.

Tenemos siempre que tener en mente que hay ciertos límites en la crítica política que puede ser destructiva. Precisamente por creer que Cuba era un país atrasado, mucha gente pensó que lo que Castro decía era verdad. Cuando él dijo en el 59 que Cuba estaba 50 años por detrás de todos los países de América Latina, estando Cuba 50 años delante de todos ellos, debo decir que en la primera administración de Fulgencio Batista se pasaron leyes que en América Latina hoy en día se están todavía discutiendo, y que económicamente hablando, no políticamente hablando, todos los gobiernos democráticamente electos en Cuba fueron extremadamente positivos incluyendo los años de Fulgencio Batista.

Aun en su segunda administración, producto de un golpe de Estado, ilegal y anticonstitucional, pero Cuba progresó económicamente. Eso es irrefutable. Y se pasaron cientos de leyes favorables a los cubanos.

Castro es el anti cubano por excelencia, pero de él tenemos que aprender, aprender muchas cosas, aprender que los inversionistas que mañana vayan a Cuba tienen que funcionar dentro de la ley de inversión extranjera que se promulgará en algún momento, entender muy bien que la constitución que nos demos en el futuro, tiene que ser respetada a cabalidad en todo momento, y la educación es la prioridad en el país; y que el Estado tiene obligaciones muy serias.

Castro dice que si él educa a un muchacho, el muchacho le debe algo. Mentira, el muchacho se educó por sí mismo y el Estado tiene el deber de educarlo. No hay otra cosa que discutir, pero él ha desarrollado ese tipo de propaganda.

Mucha gente en Cuba le creía -que ya no le creen, gracias a Dios-.

Pienso que Fidel Castro nos deja un legado trágico, nos deja una catástrofe; pero al mismo tiempo nos ha dado lecciones que nosotros no podemos olvidar en ningún momento; que tenemos que tener un Gobierno que la política exterior sea altamente pragmática, que tenemos que estar muy cerca de los Estados Unidos en todos los sentidos, que no nos debemos considerar latinoamericanos.

Nosotros no somos latinoamericanos, nosotros somos cubanos, un grupo especial totalmente separados del resto. Que los latinoamericanos crean que tenemos una relación muy estrecha con los Estados Unidos, bueno eso no tiene importancia, ni la debe tener para nosotros.

Nosotros tenemos que pensar en el beneficio de la república de Cuba, y no en el que dirán en la prensa extranjera, ni en los parlamentos de otros países. Tenemos que aprender la lección de que las cosas se mueven por intereses económicos, como nos ha enseñado la Unión Europea, en toda América Latina, y en gran parte los Estados Unidos, y por lo tanto, será muy recomendable que las futuras generaciones estudien muy profundamente lo que nos ha sucedido a nosotros, para no cometer los mismos errores de ingenuidad, de ser extremadamente buena gente con elementos gansteriles como Fidel Castro y compañía.

Creo que esas son las lecciones fundamentales; estoy seguro que otros cubanos podrán agregar otras cosas más. En términos de experiencia todavía nos falta mucho por experimentar, nos falta por saber cómo va a venir el cambio en Cuba, nos falta por saber si el concepto de impunidad va a prevalecer, si le vamos a tener miedo a hacer justicia, si vamos a confundir otra vez el proceso de la criminalidad, si vamos a hablar de amnistía de nuevo, si vamos a repetir los mismos errores que nos condujeron a un Fidel Castro en el poder. Puede ser que sí, que lo volvamos a repetir, en cuyo caso entonces no tendrá remedio por muchísimas décadas.

Pero si observamos la situación con inteligencia y nos preparamos para el cambio, fíjense bien, no para una transición aterciopelada, donde los máximos responsables y los segundos y los terceros de la tragedia nacional puedan reincorporarse a la vida del país tranquilamente, frescos como una lechuga, "aquí no pasó nada, me equivoqué, lo siento, ahora voy a abrir un negocio en La Habana" con impunidad, si empezamos vernos en una nueva república legitimando el robo y legitimando el crimen, si los cubanos están preparados para enfrentarse a esa situación ya veremos en el futuro.

La comisión presidencial que rindió su informe en marzo este año recomienda que los cubanos nos preparemos para hacer justicia de algún modo en Cuba, bien sea por una comisión de la verdadera reconciliación o mediante en proceso judicial con un tribunal independiente. Tal vez con los estatutos de Cósovo y de Ruanda que fueron productos de las Naciones Unidas, o no habrá democratización en Cuba y fracasará cualquier intento de reconstrucción económica, porque el Gobierno provisional perderá toda su credibilidad frente al pueblo cubano.

La impunidad está amenazando gravemente con algunos grupos que están hablando de "borrón y cuenta nueva". Ya algunos que no han profundizado en la historia, están hablando de "una amnistía general", eso es peligrosísimo por que para el futuro de Cuba no puede haber una amnistía que sencillamente reincorpore estos elementos facinerosos a una sociedad que tiene que ser de paz y concordia entre todos los cubanos, la reconciliación nacional entre los que necesitan reconciliarse es imposible sin justicia.

Bueno, fíjese en la educación: lo que veo bien son los edificios, no la educación que nosotros queríamos para lo juventud cubana. Me refiero a los edificios que han sido construidos, que en efecto debían haber sido construidos durante la república; no había necesidad de esperar a que un canalla traidor llegara a Cuba y empezara a construir escuelas vocacionales en los campos más apartados de la isla.

Creo que el día de mañana en esas mismas estructuras que se han construido, se podrá crear un sistema educacional compatible a la libertad, a la democracia, a la iniciativa privada, que sin ella no habrá reconstrucción económica.

En cuanto a la salud, ya sabemos que eso es un mito de primer orden, que han explotado; el sistema de salud es bueno para los extranjeros. Y la industria turística discrimina a los cubanos. El Estado tiene que ocuparse que eso no ocurra el día de mañana, ¿verdad? A mi criterio la salud debe tener un espacio para la práctica privada y debe ser gratis en efecto por parte del Estado; tenemos que regresar a la práctica que teníamos.

Antes usted se podía suscribir a una clínica con todos los servicios habidos y por haber por un mínimo de dinero, 8 o 10 pesos cubanos, y eran los mejores médicos del país. Bueno, creo que eso se soluciona muy fácilmente porque Cuba tiene grandes médicos allá y en el exilio. Cuba ha sido líder del mundo incluso en la medicina.

Usted mencionaba el deporte, bueno: tenemos que insistir en el deporte nacional, que no teníamos que haber esperado que los comunistas llegaran al poder para ganar medallas olímpicas, nunca haber esperado a eso.

Recuerdo cuando niño, a un campeón olímpico medalla de oro, campeón olímpico de los cien metros, campeón de carrera, regresar a Cuba con su medalla olímpica, grandes celebraciones y entonces buscarle un trabajo cavando trincheras a pico y pala o para la compañía de teléfono, usted comprenderá que eso no es una cosa que motiva a otros deportistas a participar. En Estados Unidos, son ayudados no solo por el Gobierno del presidente Bush, por ejemplo, sino por organizaciones privadas y por ellos mismos, son estudiantes etc. pero bueno eso dependerá del futuro Gobierno de Cuba.

Creo que tenemos que seguir insistiendo en el área deportiva, porque eso aparta la juventud de la droga, de la delincuencia, los disciplina, los hace competitivos y trae prestigio para el país, pero sobre todas las cosas, apartarlos de las drogas, de la calle, de la delincuencia, hacerlos altamente competitivos para que el día de mañana se incorporen, tal vez a un pequeño negocio que cada uno de ello pueda abrir, o a una profesión digna y honesta.

Creo que nosotros, de esta tragedia nacional, hemos aprendido muchísimo; fíjense que el Exilio hoy en día es un Exilio unido a pesar de algunas cosas que se digan, pero es un Exilio unido. En Cuba hay más grupos opositores de los que nunca existieron en ningún país del bloque Socialista. Estoy seguro que si alguien se dedica a sumar todos los grupos disidentes y opositores del bloque soviético completo no llegarían a lo que existe en la república de Cuba, pero cada vez que se tratan de encausar en un gran frente, los aplastan.

Ricardo Bofill, por ejemplo, explicaba una vez la estrategia de esos grupos de los derechos humanos y opositores en la isla, que precisamente diseminando todos esos grupos por el territorio nacional hacía mucho más difícil la tarea de los esbirros de la Seguridad del Estado.

Fui Decano en la universidad de New Jersey muchos, muchos años, y ahí recibimos a cientos, a 800 o 900 estudiantes cuando el éxodo del Mariel, y recuerdo haber tenido estudiantes, algunos de ellos en los últimos años de ingeniería, otros que habían estudiado economía, otros que habían estudiado periodismo...Recuerdo ver escrito noviembre con b alta, tener enormes faltas de ortografía, ignorar por completo la historia de Cuba, porque le enseñaron que la historia comenzaba el primero de enero y que antes de eso no existía nada. Interpretar a José Martí ¡nada menos que a José Martí! como un marxista-leninista, eso era una de las cosas que más nos ofendía a nosotros, nos sorprendían y nos entristecían; la educación ha sido torcida por completo bajo el comunismo.

No podía ser de otra manera. Ahí hay que hacer una reforma de arriba abajo, modernizarla en todos los sentidos, es cierto que ahora vemos aquí en el exilio que se prepararon buenos profesionales, pero no los preparó el Estado, se prepararon ellos mismos, el esfuerzo de los estudiantes; no las preparó Fidel Castro. Fidel Castro no hizo un solo médico; en Cuba los médicos se hicieron ellos para después terminar como esclavos del Estado. O sea, que la educación hay que reformarla de arriba abajo; igualmente la salud; igualmente el deporte, porque ya sabemos que en el mismo deporte...Usted puede coger una casa de socorro de la que teníamos antes y ponerle un cartel afuera que diga "Clínica de alta neurología" y bueno usted puede hacer lo que quiera, pero una vez que usted entre allí se encontrará una casa de socorro antigua, vacía, sin siquiera agua oxigenada, eso tiene que caer inmediatamente después que Cuba sea libre, demás está decirlo.

Creo que las futuras generaciones van a ser muy exitosas si estudian nuestra historia presente con profundidad, si hacen las preguntas que tienen que hacer, pero estoy viendo que no hacen preguntas, que los jóvenes vienen al exilio y no sé, de alguna manera desaparecen, no les hacen preguntas a esa gente que pasó esa etapa, que son la gente que sabe las interioridades de ese proceso.

De todas maneras, le veo un gran futuro a Cuba si desde el principio respetamos el Estado de derecho; si desde el principio rechazamos la impunidad como parte de nuestra vida cotidiana.

Creo que en base a eso se establecerá una república muy legítima que viene de regreso de todos sus andares por ahí por el campo de la ilusión, que va a ser la primera república de la América Latina que conocemos dos mundos. Conocemos el mundo norteamericano hasta la saciedad.

Tenemos cubanos que han triunfado en todos los niveles fuera de Cuba; y a los que están dentro de Cuba solo les hace falta que le den la libertad y van a demostrar lo mismo que los cubanos hemos demostrado aquí, en el destierro: que el fracaso mayor de Castro ha sido el triunfo enorme del Exilio, que ha sido su peor enemigo desde el primer día. ¡Y dicen algunos que debimos habernos quedado en Cuba!

Falso, equivocado, estaríamos todos muertos, presos, liquidados, pulverizados, eso era lo que ellos querían; es más, ellos no imaginaron que el Exilio se iba a convertir en un ejército de hormiguitas donde cada cubano es un frente de combate en Nevada, en California, en Egipto, en Angola, donde quiera que hay un cubano hay un anticastrista que escribe cartas, que protesta, que habla de Cuba, es accesible y ha esquinado a Castro por completo.

Ese Exilio es una especie de ejército de abejas ¿verdad? que ha construido su panal de cera alrededor de la garganta de Fidel Castro y si no fuese por el Exilio, pues no tendríamos las medidas que hay hoy en día lo han esquinado y acorralado por completo. Si no fuese por el Exilio las Naciones Unidas no hubieran condenado a Castro 10 años consecutivos y nadie sabría de la penurias de los presos políticos del pueblo cubano. O sea, que el Exilio ha sido su peor enemigo, está en alianza en con la oposición interna y es un enemigo del cual no se ha podido desprender a pesar de las amenazas, de las agresiones físicas. El Exilio lo ha ridiculizado, y fíjese usted que no hace mucho éramos considerados en la comunidad internacional parias contrarrevolucionarios, gusanos despreciables, agentes del imperialismo, reaccionarios de extrema derecha.

Y ahora ya la Unión Europea y América Latina, pues han empezado a cambiar de opinión; ya la oposición interna en Cuba no son mercenarios, son grandes defensores de los derechos humanos, grandes intelectuales, novelistas, escritores, artistas, políticos, economistas, ahora firman cartas en contra de Castro demandando la libertad de Cuba; de modo que el Exilio ha triunfado moralmente, políticamente, económicamente y socialmente.

Hemos triunfado en todos los campos y lo único que nos resta es ver el cambio definitivo en Cuba; y ya ha comenzado, pero debe decirse con toda claridad hoy noviembre del dos mil cuatro: hemos triunfado, la causa de la libertad de Cuba ya triunfó, porque en la vida de una nación 46 años es como un minuto en la vida de un ser humano; ya podemos irnos tranquilos, el Exilio triunfó la oposición triunfó, los mártires triunfaron, los presos políticos a pesar de estar en una celda muriendo de hambre y de sed, triunfaron; lo que resta es cuestión de segundos.

EL SISTEMA PENAL CUBANO

Por Dr. Luís Fernández Arena
Y Dr. Santiago A. Alpizar Esq.

Luis Fernández Esq. Abogado-Contador Público, Miami, Florida y Profesor de Derecho Constitucional y Penal de la Universidad Internacional de la Florida (FIU)
Tiene su bufete en el 2250 S.W. 3ra. Avenida, en Miami, Florida.

Recientemente, el Dr. Fernández, junto al Dr. Willie Allen, y el Dr. Ricardo Martínez-Cid, y una estación de televisión local, lanzaron la campaña conocida como "Cuba, Represión I.D", que busca identificar y públicamente nombrar a los agentes y los militantes pro Gobierno castrista, quienes atacan a los disidentes en la isla.

El Dr. Fernández es hijo del brillante abogado Luis Fernández Caubi, quien fue abogado en Cuba y en los Estados Unidos hasta 1997.
Santiago A. Alpizar Esq.
Abogado, Miami, Florida y exprofesor de Derecho Penal y Derecho Procesal Penal de la Universidad Central de Las Villas, Cuba.

Hay en La Habana una estatua de John Lennon, quien escribió entre muchas otras, una icónica canción: "imagínate". La estatua de Lennon simboliza, en mi modo de ver, la Cuba sempiterna. Tiene vigilancia permanente para impedir que otro necesitado le lleve, de nuevo, los espejuelos.

El sistema judicial cubano tiene una historia similar a la de Lennon, muerto a tiros por un orate. Como Lennon las constituciones "prerevolucionarias" fueron asesinadas, destruidas por una falta de visión de los gobiernos de turno y por la Revolución arrolladora que sustituyó el sistema de valores individuales por los del sistema colectivo fracasado en su imposición.

La música de Lennon y sus Beatles fue prohibida, y hasta en ocasiones, criminalizados sus seguidores por calificar, el fiscal, que tal cosa contravenía las normas morales socialistas, en violación de los artículos 72 y 73 del Código Penal que conceptúa, a consideración de las autoridades, el principio de derecho "neo-positivo", fascistoide y oportunista llamado **conducta peligrosa y antisocial**.

Ahora, no sólo tienen una escultura de Lennon a prueba de robo y canalla, sino que muchos "roqueros" cubanos tienen "apoyo" del Gobierno. Esto con la ironía añadida de que cantantes y conjuntos musicales cubanos son oídos y recibidos en todo el mundo, incluyendo Estados Unidos y especialmente Miami, la capital del exilio cubano, mientras que a los músicos exiliados no se les permite visitar Cuba a tocar y a cantarles a sus compatriotas: recuerden a Celia Cruz; pregúntenle a Willy Chirino y Gloria Estefan.

SE REPITE O NO LA HISTORIA

La declaración Universal de Derechos Humanos de 1948, contiene muchos de los derechos del individuo aprobados ya por la constitución cubana de 1940. La constitución cubana del 1940 calificada como "progresista para su época" disponía de medidas que garantizaban derechos fundamentales tal como el de la igualdad ante la ley (Art. 20), libre entrada y salida del territorio nacional para los cubanos (Art. 30), libertad de pensamiento, palabra y prensa (Art. 33). Protección de domicilio (Art. 34), Libertad religiosa (Art. 35) de reunión (Art. 37). Sobre la privacidad del correo y documentos privados (Art. 32)

El reconocimiento constitucional de tales derechos fundamentales ofrecía garantías personales a los individuos frente al poder del Estado. Así, por ejemplo, los individuos acusados estaban protegidos en cuanto a la consideración de la que las leyes ex post facto serían favorables al procesado, acusado o sancionado (Art. 21 y 22). Se abolió la pena de muerte (Art. 25), Se prohibió la confiscación de bienes sin previo proceso y se reconoció el derecho a la presunción de inocencia y al onus probandi (Art. 26)

Más importante que todo lo anterior, en opinión de que quien suscribe, es que las personas en custodia del Estado tenían a su disposición el recurso constitucional, NO adjetivo o procesal a: (1) audiencia de fianza dentro de las 24 horas de su detención (2) derecho de apelación y (3) HABEAS CORPUS. (Art. 26 a 29).

La constitución "socialista" aprobada en 1976, según las estadísticas oficiales por un 98% de los electores, reformada sin consultas populares en el 1992 y en el 2002, ***garantiza*** libertades religiosas, (Art. 55), palabra y prensa (Art. 53), el derecho de reunión, (Art. 54), la protección de domicilio (Art. 56), correo (Art. 57), y protección contra la retroactividad penal (Art. 61). Estas incorporaciones venidas de la tradición constitucionalista cubana, parecen ser favorables. La diferencia consiste en que los derechos y libertades son limitados al propósito del establecimiento utópico y mantenimiento de la dictadura del proletariado y el Estado socialista. Sin ambages o excepciones, la constitución del 1976 expresa y deliberadamente reduce estas libertades y derechos fundamentales a los "fines del Estado socialista". También anuncia que esos derechos no pueden ir "contra la decisión del pueblo cubano de construir el socialismo y el comunismo" (Art.62) El efecto jurídico deseado es la supeditación del individuo al propósito (inconsulto) del Estado creando el deber inexcusable en su cumplimiento (Art. 66).

Resumiendo el capítulo VII de la constitución vigente, presume la existencia de un sistema judicial supeditado a los intereses del Estado (construcción del socialismo) mientras que la norma del deber inexcusable (Art. 66) es un atractivo para el uso y abuso del Estado de su propia legislación a conveniencia del intérprete esto especialmente cierto en el proceso de justicia penal.

EL SISTEMA JUDICIAL CUBANO

Aunque el actual Gobierno cubano ha presentado una línea de acercamiento a las normas y prácticas internacionales del derecho; hoy día Cuba, signatario original de la Declaración Original de los Derechos Humanos, NO ha ratificado la Convención Internacional en contra de la tortura. Es claro que el régimen socialista y su constitución, proponente del *deber inexcusable de su estricto cumplimiento*, necesite un cuerpo impositivo que aplique la tortura, el trato inhumado y cruel para mantener el status quo post revolucionario.

La Constitución de 1940 estructuraba una palpable separación de los poderes ejecutivo, legislativo y judicial. Esta "tripartición de poderes" que ha evolucionado desde la implantación de la constitución norteamericana (1787), pasando por la experiencia extrema del evolucionismo francés y la democratización europea seguidas de las revueltas del 1830-1848, es hasta ahora el sistema universal de aceptación y conveniencia para el mantenimiento de un Estado (Republicano o Monárquico) con un sistema multilateral de inspecciones, restricciones y balances entre cada uno de las ramas de Gobierno.

La constitución de 1976, "**distribuye**" el poder judicial y su administración entre el Tribunal Supremo Popular (Art.121), el Consejo de Estado (Art. 75 a-ch y m, n, & r); Las Asambleas Provinciales del Poder Popular (Art. 105 y 106) tienen las atribuciones de "cumplir y hacer cumplir las leyes". La constitución termina concediendo al Consejo de Estado, órgano ejecutivo en la estructura del Gobierno, la facultad de interpretación legislativa y además de ser órgano legislativo (Art. 90, c, ch, d, i ñ, & o). En breve, Cuba NO tiene un sistema judicial independiente.

La Lic. Laritza Diversent, Directora del Centro de Información Legal Cubalex (3), comenta que no existen en el sistema legal cubano: (1) jurisdicción constitucional, (2) tribunal de garantías constitucionales, u órgano independiente de justicia que determine la constitucionalidad de las acciones de Gobierno y de la legislación aprobada por los múltiples órganos y organismos con capacidad para legislar sobre cualquier materia. Concluye Laritza Diversent que ese vacío en la jurisdicción constitucional anula el poder judicial en Cuba vedado de la determinación de "¿cuál es la ley"? función esencial y primaria de cualquier poder judicial en un Estado democrático. Así la inexistencia práctica y estructurada del poder judicial, conlleva la anulación de facto del Estado de derecho en Cuba. "Los órganos estatales superiores, son impunes e irresponsables antes los excesos de Gobierno". (4). En precisión y puntualidad sin vigilancia judicial independiente, el abuso prolifera.

A pesar de las "garantías y libertades del individuo", en Cuba ocurren frecuentísimos y connotados atropellos. Amnistía Internacional ha denunciado ataques institucionales y sistemáticos contra testigos de Jehová; actos de repudio contra la Iglesia católica y otras religiones; todo lo cual ha sido documentado en la presentación de querellas antes órganos de Naciones Unidas durante la década de 1980s et esquitar. Hoy se defiende el Gobierno de Cuba, con la complacencia de un quórum disoluto de naciones, se permite la libertad de conciencia y religión, sin embargo, todo es "permitido" NO dentro del concepto decisorio de la libertad individual, sino dentro del marco permisible que controla los órganos del poder en Cuba en concordancia con el Artículo 62 de la constitución, ¡qué falacia!

Durante el corriente 2014 Amnistía Internacional ha pedido acción urgente contra el Gobierno de Cuba por la represión contra opositores y disidentes; incluyendo ataques contra periodistas como Roberto de Jesús Guerra Pérez (2014) y Calixto Ramón Martínez Arias (Abril 9, 2013), ese último liberado después de siete meses de encarcelamiento injustificado).La existencia de presos de conciencia por el ejercicio pacifico de la libertad de expresión; tal es el caso de los 3 hermanos Varga Marín, jóvenes entre los 18 y 22 años de edad(5). Amnistía Internacional igualmente ha emitido comunicados de prensa llamando la atención sobre las

100

detenciones arbitrarias de breves periodos como los 43 disidentes aprehendidos entre el 23 y 26 de enero sin causa o razón probable para hacerlo. Considera la organización que solamente en el pasado 2013, se reportaron 6,424 detenciones de personas que critican al Gobierno, incluyendo 1, 123 hechas en el pasado Diciembre, por "motivos políticos". Hay que recordar que la presente Ley de Procedimiento Penal, permite la detención sin causa probable y la emisión de una medida cautelar por varios días, lo que aprovechan los órganos represivos para realizar impunemente tales detenciones temporales.

Los atropellos y abusos continúan. Las Damas de Blanco, disidentes y opositores como Antonio González-Rodiles, Guillermo Fariñas etc. Y un sin número que así lo testimonian.

1. El Estado Peligroso y Las Medidas de Seguridad, Título XI Capítulos I y II Artículos 72 a 90 del Código Penal de Cuba Ley No. 62, 1987.
2. Dra. Mercedes Garrudo Marañón, "Mujeres con Derechos". Una Aproximación desde la Legislación Cubana", Revista Cubana de Derecho No.18 Julio-Diciembre 2001. Unión de Juristas de Cuba.
3. Dra. Laritza Divensent, "El poder judicial en Cuba" Jurisconsulto de Cuba, 16 julio, 2010.
4. Ibid.
5. Amnistía Internacional Notas y Publicaciones Cuba, Human Rights in Republica de Cuba Acción Urgente 6/20, 6/27, 7/15, 11/6/2014 y Comunicado de Prensa.

DEL RECURSO DE APELACIÓN: PENA DE MUERTE

La Pena de Muerte no ha sido abolida en Cuba. El Código Penal Cubano prevé la condena a muerte por fusilamiento en 112 delitos, de las cuales 33 son crímenes comunes, incluyendo delitos contra la seguridad estatal externa o interna, contra la paz, la ley internacional, la seguridad estatal, etc. (1)

En el presente el recurso de Apelación se admite de oficio contra "las sentencias que impongan la sanción de muerte". (2) El proceso concibe un término de cinco días para establecer el recurso con diez días para el emplazamiento de las partes seguido de una vista o audiencia dentro de otros diez días (3).

En el año 1961, durante la ola represiva que precedió y continuó a los sucesos de Bahía de Cochinos (Playa Girón) el proceso de apelación se concluía entre 2 y 3 horas luego de la sentencia original de muerte por fusilamiento.(4)

El único recurso de la defensa era la comparecencia a una vista pública. Los condenados y sus defensores no tenían acceso ni al sumario de la causa ni a las versiones taquigráficas del juicio de instancia. Tampoco se permitía la práctica de nuevas pruebas. De acuerdo a las estadísticas oficiales en ese solo año de 1961 fueron impuestas 150 penas de muerte, de las cuales solo 4 fueron conmutadas a penas de prisión.

En efecto el recurso de apelación no existía y no sorprendía que "aun antes de dictarse la sentencia, los escuadrones especiales de fusilamiento, el médico forense y hasta la persona que manejaba el carro que conducía los cadáveres al necrocomio se encontraban deambulando por los alrededores del tribunal, a la espera de la realización del formulismo que los separaba de la realización de sus funciones" (5).
Se calcula que 5,621 personas han sido ejecutadas en Cuba, (6) desde 1959 la mayoría de los casos por delitos relacionados con la política.

Desde el año 2003 no se han ejecutados a ningún condenado a muerte en Cuba, y de facto no se ha implementado desde entonces. Sin embargo, el gobernante Raúl Castro, justifica la existencia de la pena de muerte como una sanción legal (de Jure) necesaria (8). Con esta apreciación de Gobierno es claro que la abolición de jure de la pena de muerte en cuba coincidirá con el retorno a la democracia. El Gobierno de Cuba la necesita como instrumento de represión a su disposición en caso de necesaria aplicación o capricho del tirano de turno.

1. Hands Off Cain, Against Death Penalty in the World report on Cuba 2014.
2. Ley de Procedimiento Penal. CAPITULO III: DEL RECURSO DE APELACION Artículo 58.
3. Ibid Artículos 59 a 62.
4. Fernández Caubi, Luis "Justicia y Terror" pp. 68-69 Ediciones Universal, 1994, un relato presencial de lo ocurrido.
5. Ibid, pág. 69
6. Hands Off Cain, Against Death Penalty in the World report on Cuba 2014. Citando a Armando Lago del Stanford Research Institute.
7. Ibid
8. Raúl. Castro, Declaración ante CELAC, Santiago de Chile Enero 28,2013.

LA PRESUNCIÓN DE INOCENCIA

El concepto de la presunción de inocencia, in dubio pro reo (1), encuentra originada en la mejor tradición latino-romana, incorporada en el Art. 11 en la Declaración Universal de Derechos Humanos, así como al Art. 8 de la Convención Americana de Derechos Humanos. La presunción de inocencia, fue incluida como derecho fundamental del cubano en la constitución del 1940; "Se considerará inocente a todo acusado hasta que se dicte condena contra él" (3).

La constitución socialista de 1976 y sus subsiguientes reformas NO incluye en el capítulo dedicado a "Derechos, deberes y garantías fundamentales" este derecho individual y universalmente reconocido como esencial del ser humano. La ausencia de esta inclusión en la carta magna no ha dejado de ser criticada. Se considera que es un "auténtico derecho de todo acusado a un proceso justo y humano" (4)

En relación al tema y con respecto al derecho del individuo a un proceso justo y en derecho, la Ley de Procedimiento Penal Cubana regula lo concerniente a la prisión provisional (en espera de juicio y/o conclusión del proceso penal) Art. 241-244 otorga al Fiscal (procurador, ministerio público) un poder cuasi absoluto sobre la escogencia e imposición de esta medida cautelar. Esto unido a ineficacia procesal del recurso de habeas corpus por la inconsistencia constitucional en la falta de su reconocimiento como derecho fundamental; ofrece al fiscal la posibilidad de actuar a antojo y capricho del Estado en el procesamiento de individuos indeseados o detractores del Gobierno. (Vea las notas de Amnistía Internacional y las de los Comités Pro-Derechos Humanos Cubanos, infra).

1. Principio jurídico latino, "ante la duda, a favor del reo".
   Wikipedia, la enciclopedia libre; en Italia el concepto se ha expandido a favor del obrero también IN DUBIO PRO OPERARIO.
2. Aunque Cuba es país signatario de la primera, Cuba se abstuvo y no es país signatario del segundo.
3. Constitución del 1940, Titulo IV - Derechos fundamentales, Art. 26.

4. Lic. Andrea López, Presunción de inocencia en el ordenamiento jurídico cubano, Ajudicuba, 16 de julio de 2014.

EL HABEAS CORPUS

El habeas corpus, de origen, como casi todo el derecho moderno en las raíces del Derecho Romano, se concibió como un derecho otorgado al detenido, retenido o apresado por otra persona para impedir abusos desmedidos en contra del detenido por causa justa o sin ella.

En el derecho anglo-sajón se usó para exigir en tiempos de Ricardo I (Coeur de Lion) información de un reo en custodia de la autoridad real. Su uso se extendió rápidamente en la exigencia de conocimiento de la situación procesal de detenidos por acusaciones a las que debían responder frente a jueces y autoridades.

Comúnmente la protección del recurso de Habeas Corpus que literalmente significa "Traedme el cuerpo" debe extenderse a todo ciudadano constitucionalmente protegido y en custodia del Estado o detenido por alguna razón justa o no por alguna autoridad estatal.

El procedimiento de Habeas Corpus está concebido para ser procesado de forma sencilla y expedita. Seguida de una solicitud o recurso de Habeas Corpus, el juez o tribunal disponible oirá el argumento del peticionario exponiendo en su momento la razón tenida en contra de la detención del individuo y obtener de ser posible, la restauración de la libertad y derechos del individuo ilegítimamente detenido. (1)

Siendo como es, un derecho fundamental del individuo, El Habeas Corpus es considerado una garantía esencial y un compromiso de los poderes públicos en favor de los ciudadanos. (2)

El Habeas Corpus era parte de la constitución de 1940 (Art. 29) y regulaba que todo el que se encontraba detenido o preso sin las formalidades y garantías que preveía la propia constitución, a petición suya propia o de un representante, sin necesidad de dirección letrada podría ventilar su caso a través de un procedimiento sumario.

Igualmente regulaba la incapacidad del Tribunal Supremo de Cuba para declinar jurisdicción sobre el tema. Más allá de cualquier consideración, se establecía la obligación del supuesto infractor de presentar al detenido o peticionario a la audiencia de habeas corpus, so pena de aprehensión inmediata por el Estado. Finalmente se requería de los jueces y magistrados que no podían negar la substanciación de los recursos de habeas corpus o incumplir sus disposiciones so pena de ser separados de sus cargos. Resumiendo era un procedimiento con "dentadura" que no sobrevivió el advenimiento revolucionario y su constitución socialista de 1976.

El recurso de habeas corpus ha quedado reducido a un simple recurso procesal de escaso alcance en el ordenamiento adjetivo cubano. El **Art. 467** de la Ley de Procedimiento Penal de 1977 lo reduce a la presentación de un requerimiento de libertad en casos de personas detenidas sin las formalidades de la ley o la constitución.

Quiere esto decir que si se han seguido las formalidades de la ley de procedimiento penal, que da al fiscal poder cuasi absoluto sobre la libertad de individuos sujetos a proceso penal sin derecho y con las garantías de una constitución que: (i) NO admite la constitucionalidad del habeas corpus (ii) que NO prevé in dubios pro reo como derecho fundamental, y (iii) CONDICIONA las libertades y derechos fundamentales sólo cuando perpetuán el status quo post revolucionario, socialista y comunista.

El propio artículo **Art. 467** de la ley adjetiva penal prohíbe la presentación de recurso de habeas corpus cuando el individuo privado de libertad *"obedezca a un sentencia de privación de libertad o a un auto (resolución fundada del tribunal) de privación de libertad provisional"*

El procedimiento de habeas corpus que se resuelve en Cuba en los tribunales provinciales y/o en la sala correspondiente del tribual supremo dependiendo de la jurisdicción del asunto resultante en la detención indebida o ilegitima de una persona. La legislación cubana presente, que claramente responde al mantenimiento del régimen en el poder; esto a contrapelo de cuanto en orden de un Estado de derecho moderno procede. Siendo así la propia prohibición de presentar recurso de habeas corpus por detenciones sujetas a sentencia o auto de privación de libertad provisional definen la obsolescencia del Habeas Corpus en la sociedad cubana de hoy.

El resultado ha sido que el procedimiento termina en desuso y caducidad hasta el punto que los abogados que han usado el recurso en tiempos recientes son sometidos al más obscuro de los ostracismo vistos como extremistas en su práctica del derecho, alegando las autoridades la posibilidad, existente, de apelar o casar las sentencia de privación de libertad, y el recurso de modificación de medida cautelar de privación de libertad condicional sin necesidad de emplear una recurso de *entraña burguesa e innecesario dentro de la dictadura del proletariado.*

Así la constitución socialista y su andamiaje jurídico a relegado la función del recurso de habeas corpus a un institución jurídica caduca y una arma para destruir a juristas y ciudadanos que osen hacer uso de ella, restándole legitimad y crédito al propio procedimiento penal establecido. El desuso mandatorio del habeas corpus en la práctica judicial cubana ha servido al régimen para justificar la *"inexistencia"* de detenciones arbitrarias o temporales, los desaparecidos, y cualquier otra manera de detención ilegitima del ciudadano.

Advierte el Lic. Julio Alfredo Ferrer Tamayo, en su consideración profesional del asunto que la *receta* del habeas corpus ofrecida en el **Art. 467** sobre la improcedencia del recurso en caso de detenciones producto de autos cautelares of sentencia podría, o de facto, es inconstitucional.

"Tal prescripción, de una de la ley secundaria o subordinada, con relación a (lo que era) un derecho de la Constitución, restringe y limita el ejercicio pleno de la garantía prevista... dejándose de ese modo sin protección y tutela jurídica estos casos". Y añade que, "desafortunadamente no son pocos, en que, a pesar de obedecer la privación de libertad a una sentencia o auto de prisión provisional dictado en expediente o causa por un delito, tales resoluciones o instrumentos jurídicos resultan ilegítimos, inconstitucionales, nulos e inexistentes toda vez que han sido pronunciados con infracción evidente e inobjetable de las formalidades establecidas como requisitos de rígida observancia a ese efecto". Y concluye Ferrer Tamayo: **"de ese modo no se garantiza a todos los que residen en el territorio nacional la libertad e inviolabilidad de sus personas, pues los tribunales ordinarios amparados de esa limitación o restricción, reitero, inconstitucional, rechazan de plano cualquier promoción o petición de habeas corpus".**

En "Alicia en el País de las Maravillas" es creíble, sin embargo, en Cuba, es una verdad insoslayable pasada por alto en foros de derecho internacional y de derechos humanos en Cuba. En efecto, el recurso de Habeas Corpus muere por falta de reconocimiento constitucional. Es imposible su petición y no existe cultura jurídica y precedente judicial que delinee su admisión y reconocimiento en la práctica diaria de los tribunales actuales cubanos.

Además del derecho de apelación, los ciudadanos tienen el derecho de impugnar sentencias violatorias de principios elementales del derecho como el de una defensa deficiente o un proceso amañando que no es posible resolver con el recurso post res judicata como la Revisión.

Igualmente el habeas corpus es un instrumento, en caso de garantizar su efectividad procesal, para modificar medidas cautelares arbitrarias y caprichosas por parte del Estado a través de la fiscalía, y los "órganos de instrucción policial" incluyendo casos como los previstos en el **Art.258** de la Ley de Procedimiento Penal que prescribe privación de libertad provisional en delitos contra la seguridad del Estado sin otro criterio que la caracterización que se quiera dar a la conducta que califica el delito según conveniencia y capricho de los órganos veladores de la seguridad estatal o la fiscalía en defensa del Estado socialista a ultranza de la verdad. (4) en resumen, que la Ley de Procedimiento Penal, presume la infalibilidad del Estado y su agente ejecutivo, el Fiscal. ¿Acaso no son ellos humanos también?

Los que pregonan que las garantías de las libertades no tienen necesidad de reconocimiento constitucional en Cuba, son los que piensan que no existen violaciones masivas, flagrantes y habituales de los derechos de los detenidos o presos" (5) en Cuba. Ellos son los que desean que el recurso de habeas corpus permanezca enterrado, olvidado y sin uso. A pesar de la complacencia generalizada de muchos juristas cubanos y "cubanólogos" ha habido en Cuba voces que advirtieron en su tiempo y rechazaron en otros el vandalismo jurídico a que se ha sometido el Habeas Corpus. El Dr. Luis Fernández Caubi, a quien mostraron abierta una tumba, "de seguir defendiendo a apátridas contra-revolucionarios" como Virgilio, ejecutado luego de juicio sumario y sin garantías y apelación "relámpago".

La Lic. Niurka González, sancionada por su propio colegio de abogados (Organización Nacional de Bufetes Colectivos) luego de presentar el Recurso de Habeas Corpus en los años 80, en beneficio de un cliente desconsiderado que cambió su declaración de abusos y detención ilegítima, a cambio de no ser acusado del delito por el que fue inicialmente apresado, asistiendo en "libertad" el día de autos. Los Licenciados en Derecho y graduados después de la Revolución, Lic. Jorge Luis Borges Frías, Dra. Daniela Cuité Mustelier o el propio Lic. Ferrer Tamayo ya mencionado.

Corresponde al Reverendo a Martin Luther King Jr. la frase de que en el infierno había un lugar muy especial para los que ignoraban las violaciones de los derechos. Si hay un espacio para ellos que derogan nuestras libertades individuales y garantías fundamentales como personas, como humanos, como ciudadanos de Cuba, del mundo.

Los que vivimos la realidad y vemos los abusos que se comenten a diario, los que conocemos a alguien que ha sido objeto de detención arbitraria, los que conocemos a los abusados a los encarcelados sin proceso justo.

Nosotros esperamos en bien y exigimos en dignidad el respeto de los derechos esenciales de los cubanos a ser protegidos por una constitución que les atañe; si en verdad aprobada con un 98% de la población; en caso contrario, lo cual es más creíble, porque no puede haber pueblo tan unánimemente ignorante, corresponde al cambio, la reforma o a una constitución emanada de la voluntad cívica del pueblo (mejor esto que todo lo anterior) la inclusión en la carta magna las garantías y derechos que son inalienables del individuo impidiendo que un Gobierno secuestre en legislación secundaria los fundamentos de libertad personal.

1. Lic. Jorge Luis Borges Frías, Dra. Daniela Cutié Mustelier; "Peculiaridades del Habeas Corpus en Cuba, Foro Constitucional Iberoamericano, IDPC Enero-Marzo 2003
2. Ibid
3. Ibid
4. Lic. Julio Alfredo Ferrer Tamayo, procedimiento de Habeas Corpus, Ajudicuba 7 de octubre do 2013.
5. Lic. Jorge Luis Borges Frías, Dra. Daniela Cutié Mustelier; "Peculiaridades del Habeas Corpus en Cuba, Foro Constitucional Iberoamericano, pagina 9 IDPC Enero-Marzo 2003
6. Lic. Jorge Luis Barges Frías, Dra. Daniel Cutié Mustelier; "Peculiaridades del Habeas Corpus en Cuba, Foro Constitucional Iberoamericano, página 10 IDPC Enero-Marzo 2003.

SEMBLANZA DE FIDEL CASTRO

Por Miguel Sanfiel

Es de conocimiento general, entre aquellos que conocemos siquiera un poco la historia de la Revolución Cubana, *que Castro siempre ha hecho aquello que ha tenido que hacer para lograr sus fines:* lo mismo asesina a un compañero de lucha en México, dándole cuatro balazos en la cabeza delante de de todos los demás compañeros; que más tarde, en la Sierra Maestra, lleva colgando del cuello la imagen de la Virgen de la Caridad del Cobre, y pone capellanes en su Ejército Rebelde.

Lo mismo deporta a España 131 sacerdotes católicos, que recibe al Papa con gran solicitud años después.

Castro es el ejemplo perfecto del camaleón, que cambia de color de acuerdo al medio donde se encuentre: Así fue como nombró al Dr. Manuel Urrutia Lleó, presidente, al comienzo de su ascenso al poder, y luego trata de destruirlo hasta físicamente, ya que éste salva la vida o se libra de la cárcel, porque logra asilarse. En su lugar pone al Dr. Osvaldo Dorticós Torrado, y este se suicida, dicen muchos, no por su dolor en la columna vertebral, sino por diferencias con Fidel Castro.

Estos dos hombres, llevaban el título de "presidentes" pero en realidad no eran más que la fachada de la presidencia, ya todo lo demás era controlado y dirigido por la mano "omnipotente y omnipresente" del jefe real, Fidel Castro.

Y así Castro fue el real "presidente" de Cuba, desde el 1ro. de enero de 1959, hasta el 2006, cuando sufre su estrepitosa caída física.

Quizás ya él no esté envuelto en el día a día del manejo del Gobierno, pero su delegado, su hijo mayor, su alcahuete y sirviente incondicional se encarga de llevar las cosas lo más cerca posible del pensamiento y la filosofía de este jinete del apocalipsis, pues Raúl tiene más que sabido que su "papá" es un hombre de genio político y, por lo tanto, aunque tenga una personalidad diferente que él, no se atreve a salirse del esquema general, y seguramente lo consulta, como a gurú, cada vez que lo necesita. Además, Raúl sabe que un paso en falso, lo llevaría a un "accidente" donde este "héroe de la Revolución" perdería la vida.

Fidel niega en México -cuando estaba trabajando para armar la invasión a Cuba- ser comunista, en una carta al presidente de ese país que decía textualmente:

…Entre las peregrinas acusaciones que formulan contra el grupo de compatriotas detenidos no deja de figurar la clásica acusación de comunistas. Sepa, Honorable Señor Presidente, que en nuestro pueblo el comunismo no tiene hondas raíces, que cuando más las tuvo fue al principio de la pasada década. Pues en Cuba, Honorable Señor Presidente, hay sólo un comunista connotado que se llama Fulgencio Batista. Esto no es una afirmación caprichosa, si no un hecho real e histórico, pues fue él QUIEN RECONOCIÓ AL PARTIDO COMUNISTA y FUE EL QUIEN FIGURÓ EN LA BOLETA DEL PARTIDO COMUNISTA COMO

CANDIDATO PRESIDENCIAL en las elecciones de 1940. En todos los periódicos, revistas y publicaciones de la época se le podrá encontrar su retratado junto a BLAS ROCA, ENTONCES SECRETARIO GENERAL DEL PARTIDO COMUNISTA DE CUBA". En su primer viaje a los Estados Unidos, niega ser comunista en nada. Dice que los derechos constitucionales debían ser respetados: (En el programa televisivo Face the Nation)

Así mismo niega públicamente en Cuba, ante el pueblo reunido para escucharlo, ser comunista: "Hay campañitas por ahí que quieren tildar de comunista a nuestra Revolución: "Campañas falsas, campañas canallescas, que ni nos preocupan ni nos asustan…"

La "adaptabilidad" de Castro se hace manifiesta muy temprano en su carrera política. Fue miembro del Partido Ortodoxo, que liderado por Eduardo Chibás, se perfilaba como el ganador en las próximas elecciones, pero en cuanto muere Chibás, y él se convence que allí no puede hacer carrera, abandona ese partido y trata de buscar notoriedad y poder por otros medios.

Hay muchos que dicen: "Sin un 10 de Marzo, no hubiera habido un 26 de Julio". Para mí, no hay nada más alejado de la verdad, ya que su historia lo demuestra con incontables ejemplos. Castro andaba como la gallina que quiere poner el huevo, buscando desesperadamente el lugar donde hacerlo. Vemos como en sus años de estudiante de la Universidad, logra ser enviado a Colombia para entrevistarse con Gaitán el aspirante a la presidencia de ese país, y como -según algunos- hace intentos para influenciar los acontecimientos que sucedieron al asesinato de éste. Es decir, que los "síntomas" que tiene este señor es que, aunque en algún momento hubiese ganado el poder por medios lícitos, él buscaría "las razones" para crear un caldo de cultivo donde germinara el caos para implantar medidas políticas que lo llevaran al poder absoluto, tal y como lo ha hecho. No se me tilde de exagerado. ¿Acaso no es eso lo que sucedió con el perverso Hugo Chávez, que siguiendo sus consejos fue implantando en Venezuela la corrupción, la compra de voluntades, etc. hasta llegar al clima que tienen hoy? ¿No insiste Maduro en "profundizar el socialismo" a pesar de que Venezuela se cae a pedazos económicamente, a pesar de que hay setenta y pico de estudiantes muertos en menos de tres meses de enfrentamientos con los agentes de la Guardia Nacional y policíacos; a pesar de que, aun con elecciones fraudulentas, los opositores ganaron seis millones de votos; a pesar de que decenas de generales y personal de otros rangos han renunciado a sus cargos en una abierta demostración de que no están de acuerdo en la dirección en que lleva el país; a pesar de ver que Cuba lleva 58 años de comunismo y cada día va peor?

"El lobo cambia los dientes, pero no las mientes", dice el refrán; y este cachorro de lobo, Fidel Castro, no ha cambiado su carácter gansteril desde los años universitarios. Se le señala como el autor de varios crímenes en esa época –no han sido probados- pero los miles de crímenes posteriores nos enseñan que no tendría nada de extraño que los hubiera cometido. Es más, por su comportamiento, como ya hemos señalado, sería en verdad "extraño" que no los hubiera hecho.

Alguien que lo conoció muy de cerca, Rafael Díaz-Balart, pronunció la siguiente alocución ante sus compañeros del Congreso cuando se discutía la amnistía a Castro:

Señor Presidente y señores Representantes:

He pedido la palabra para explicar mi voto, porque deseo hacer constar ante mis compañeros legisladores, ante el pueblo de Cuba y ante la historia, mi opinión y mi actitud en relación con la amnistía que esta cámara acaba de aprobar y contra la cual me he manifestado tan reiterada y enérgicamente. No me han convencido en lo más mínimo los argumentos de casi la totalidad de esta cámara en favor de esa amnistía. Que quede bien claro que soy partidario decidido de toda medida a favor de la paz y la fraternidad entre todos los cubanos, de cualquier partido político de ningún partido, partidarios o adversarios del Gobierno. Y en ese espíritu serla igualmente partidario y decidido de esta amnistía o de cualquier otra amnistía. Pero una amnistía debe ser instrumento de pacificación y de fraternidad, debe formar parte de un proceso de desarme moral de las pasiones y de los odios, debe ser una pieza en el engranaje de unas reglas de juego bien definidas, aceptadas directa o indirectamente por los distintos protagonistas del que se esté viviendo en una nación. Y esta amnistía que acabamos de votar desgraciadamente es todo lo contrario. Fidel Castro y su grupo han declarado reiteradas y airadamente, desde la cómoda cárcel en que se encuentran, que solamente saldrán de esa cárcel para continuar preparando nuevos hechos violentos para continuar utilizando todos los medios en la búsqueda del poder total a que aspiran. Se han negado a participar en todo proceso de pacificación y amenazan igual a los miembros del Gobierno que a los de la oposición que deseen caminos de paz, que trabajen a favor de soluciones electorales y democráticas que pongan en manos del pueblo cubano la solución del actual drama que vive nuestra patria. Ellos no quieren paz. No quieren solución nacional de tipo alguno, no quieren democracia, ni elecciones ni confraternidad. Fidel Castro y su grupo solamente Quieren una cosa: el poder; pero el poder total que les permita destruir definitivamente todo vestigio de Constitución y de ley en Cuba, para instaurar la más cruel, la más bárbara tiranía; una tiranía que enseñara al pueblo el verdadero significado de lo que es la tiranía, un régimen totalitario inescrupuloso ladrón y asesino que será muy difícil de derrocar por lo menos en veinte años. Porque Fidel Castro no es más que un psicópata fascista, que solamente podría pactar desde el poder con las fuerzas del Comunismo Internacional porque ya el fascismo fue derrotado en la Segunda Guerra Mundial, y solamente el comunismo le daría a Fidel el ropaje seudo-ideológico para asesinar, robar, violar impunemente todos los derechos y para destruir en forma definitiva todo el acervo espiritual, histórico, moral y jurídico de nuestra república. Desgraciadamente hay quienes, desde nuestro propio Gobierno tampoco desean soluciones democráticas y electorales porque saben que no pueden ser electos ni concejales en el más pequeño de nuestros municipios. Pero no quiero cansar más a mis compañeros representantes. La opinión pública del país ha sido movilizada a favor de esta amnistía. Y los principales jerarcas de nuestro Gobierno no han tenido la claridad y firmeza necesarias para ver y decir lo más conveniente al Presidente, al Gobierno y sobre todo, a Cuba. Creo que están haciéndole un flaco servicio al Presidente Batista, a sus ministros y consejeros que no han sabido mantenerse firmes frente a las presiones de la prensa, la radio y la televisión. Creo que esta amnistía que tan imprudentemente aprobada, traerá días, muchos días de luto, de dolor de sangre y de miseria al pueblo cubano, aunque ese propio pueblo no lo vea así en estos momentos. Pido a Dios que la mayoría de este pueblo y la mayoría de mis compañeros

Representantes aquí presentes, sean los que tengan la razón. Pido a Dios que sea yo el que esté equivocado... ¡Por Cuba!"

Según "El Coreano" –Miguel A. Sánchez- él le pregunta un día a Fidel: Chico, Fidel, ¿tú no tienes principios? (debido a a unos comentarios que éste hizo), a lo que Castro responde: ¡Cómo no voy a tener principios! "mis principios son, no tener principios". Esta anécdota de El Coreano es muy creíble, porque su vida es el argumento mejor...Contra obvious, illic est neges esse.

Al poco tiempo de instalado en el poder, ya Castro ha fusilado a cientos de individuos, que aunque muchos de ellos hubieran tenido cuentas pendientes con la justicia por sus acciones criminales, esas matanzas no eran absolutamente necesarias para mantener el orden y el poder. Además, esas personas debieron comparecer ante los tribunales y con la debida representación legal; y más aún cuando las acusaciones eran tan graves que si eran hallados culpables, eso los conduciría a la pena de muerte.

Para ver la falta de principios de Fidel Castro, y su ansia de imponer su voluntad, quizás no haya un ejemplo mejor que el "caso de los pilotos",-que no eran en realidad pilotos, sino mecánicos de aviación, y que por consiguiente, no se les podía ni siquiera imputar haber cometido crímenes- que fueron absueltos por un Tribunal Revolucionario, y que este señor, al enterarse del veredicto, no lo acepta, ordena que se les haga un nuevo juicio, y TODOS salen condenados. ¿Se necesita una prueba mayor de despotismo, prepotencia y arrogancia?

Otra evidencia de que Fidel Castro no es un idealista, un héroe, un libertador, si no un mafioso, es la siguiente: ¿con qué derecho, y sobre todo con qué NECESIDAD Castro se inmiscuye en los problemas políticos de la República Dominicana? ¿Con qué derecho, y sobre todo con qué NECESIDAD interviene en Venezuela, Colombia, El Salvador,

Bolivia, Nicaragua, varios países africanos en donde llegan a pasar de más un cuarto de millón de tropas, al estilo napoleónico? ¿Cuánto no se hubiera logrado si esos hombres, ese tiempo, y esos recursos se hubieran dedicado a la reconstrucción de una Cuba disminuida por la guerra civil, por la pobreza, etc.? ¡Ah!, pero el "libertador" ahora con el color de guapetón-busca-pleitos, no está pensando en la patria que invocó el día 16 de Octubre de 1953, en el juicio que se le seguía por los sucesos del cuartel Moncada, en Santiago de Cuba el 26 de julio de 1952.

En esa oportunidad dice, -seguramente con grave acento, y con la firmeza del predestinado- que luchaba por erradicar los males de Cuba que eran: el problema de la tierra, de la industrialización, de la vivienda, del desempleo, de la educación y el problema de la salud. Y señalaba que: 1) El 85 % de los campesinos no tenían tierras propias. 2) Cuarenta mil familias vivían hacinadas, y casi dos millones y medio de la población urbana debían pagar altos alquileres. 3) El 90% de los niños del campo eran devorados por los parásitos. 4) Había un millón de desempleados.

Pero resulta que cincuenta y cinco años más tarde casi todos esos problemas que él decía quería resolver, existen todavía, y algunos de ellos son hoy peor que en aquella época, como por ejemplo, el hacinamiento, y no solo en las ciudades, sino también en el campo; la pobreza extrema, tanto que si no fuera por la ayuda extranjera en todas sus formas, no se sabe que pudiera haber pasado con Cuba. La prostitución, que cambió en forma, pero no en esencia y está mucho más extendida hoy que anteriormente. El desempleo rampante (El mismo régimen cesanteó 400,000 trabajadores hace un par de años). El sistema de salud ha mejorado, pero no lo suficiente para catalogarlo de excelente, principalmente por la falta equipos médicos modernos y la depauperación de los recintos hospitalarios y los consultorios, así como la fuga de médicos y otros trabajadores de la salud, unido a las decenas de miles de ellos que están destacados en muchas naciones, en la incesante búsqueda del preciado dólar o para comprar influencias.

Juanita Castro, hermana de Fidel afirma que: "Éramos una especie de peste dentro de aquella sociedad cubana que se estaba levantando; dentro de aquella Revolución, que se estaba gestando. Fue muy difícil, yo diría el último año de su vida -de Lina Ruz, madre de Fidel Castro-, viendo lo que estaba pasando en Cuba, viendo todas las injusticias que se cometían, donde los principales responsables eran sus propios hijos".

 Y Huber Matos, el tercero o cuarto comandante de la Revolución ha dicho que "Lina era para Fidel una mujer distante; el valor que el hijo concede a la madre no iba en la filosofía de Fidel Castro. Sus preocupaciones de orden espiritual… (Ella, Lina) era la mujer que lo había parido, nada más."

Y alguien que trabajó muy cercano a Raúl Castro ha dicho lo siguiente: "Durante todo el tiempo que trabajé con Raúl Castro, fui testigo de que él jamás tuvo contacto con la familia de Fidel; que jamás visitó esa casa".

Fidel Castro no contrajo matrimonio con su presente esposa, Dalia Soto del Valle, hasta después de tener varios hijos con ella. (Repitiendo la historia de su padre, Ángel Castro). Y tuvo varias amantes y varios hijos extramatrimoniales.

Fidel Castro puso al mundo al borde de una guerra nuclear en Octubre del 1962, durante la llamada "crisis de los misiles" y andaba furibundo cuando Khruschov decidió sacar esas armas de Cuba forzado por la firme postura de John F. Kennedy.

Castro negó ser comunista hasta abril de 1961, cuando forzado por las actividades de los exilados y el Gobierno de Kennedy, dijo que "había sido siempre comunista y que lo sería hasta el último día de su vida"

Los amigos de Fidel deben ser sus incondicionales o los trata como enemigos. Por ej. Huber Matos, Luis Conte Agüero, José Abrantes; todos fueron amigos al fin perseguidos por Castro, porque de una u otra forma se salieron de lo que él enmarcaba dentro de la "fidelidad a la Revolución".

Una fuente muy creíble dice que desde 1955 Fidel nunca fue a visitar su padre, aunque él, Ángel Castro, siempre lo quiso, procuró por él y lo mantuvo económicamente para que cumpliera con todas aquellas cosas en las que Fidel se involucraba"…pero para Fidel el sentimiento equivale a debilidad; así que le dijo a Raúl cuando supo de la muerte de su padre: "No hay tiempo para el dolor; hay que prepararse para cosas peores".

Otro dato muy interesante es que según otra fuente, también creíble, "en la casa de los Castro, en Birán, nunca hubo ni siquiera un solo cuadro, ni un ramo de flores…Quizás por esa razón Fidel no se preocupó por la cultura en Cuba, ni oía música; no parecía cubano en ese respecto, han dicho.

De acuerdo a Miguel A. Sánchez –El Coreano- Fidel le dijo a él la siguiente frase: "Lo mejor que tienen las masas, el don preciado de las masas, es su ignorancia; por eso son tan fáciles de dominar" (Pag. 207 del libro de Orlando de Cárdena, La Etapa Mexicana de la Revolución de Castro; libro en el cual colaboré).

Cuando Fidel tenía 14 años (aunque dice en su carta que tiene 12) escribió una carta al entonces presidente de los E.U Franklin Delano Roosevelt pidiéndole 10 dólares. La carta en cuestión decía así:

Santiago de Cuba
6 de Noviembre de 1940

Señor Franklin Roosevelt,
Presidente de los Estados Unidos.

Mi buen amigo Roosevelt. No sé mucho inglés, pero lo suficiente para poder escribirle. Me gusta escuchar mucho la radio y estoy muy feliz de haber oído que usted va a seguir siendo Presidente.

Yo tengo doce años, yo soy un chico, pero yo pienso mucho.

Si le parece bien, envíeme un billete verde estadounidense de diez dólares en la carta porque nunca vi un billete verde estadounidense de diez dólares y me gustaría tener uno.

Y si quiere hierro para hacer sus barcos yo le puedo enseñar donde están las minas de hierro más grande de la tierra. Están aquí en Mayarí, Oriente, Cuba.

Mi dirección es Colegio de Dolores, Santiago de Cuba, Oriente, Cuba.

(Fin de la carta).

¡Adviértase: siempre audaz, siempre interesado..!

Según Enrique Ovares, compañero suyo de la escuela Belén, Fidel no tenía ningún sentido del humor, nunca lo escuchó hacer un chiste. No le conocí tener novia en esa etapa de su juventud. No iba a fiesta de ningún tipo; lo invitaban, pero él decía: No, no me quedo estudiando, o lo que fuera.

Ovares también sostenía que Castro cometió muchos asesinatos en La Habana, aunque no el de Manolo Castro. –afirmaba él-.

Fidel contaba con solo 28 hombres cuando el padre Llorente subió a la Sierra. Llorente le dice: ¡pero Fidel, cómo tú crees que con estos hombres vas a poder hacer nada! Fidel le responde: Padre, yo no trabajo con lo que tengo; si no con lo que la gente cree que tengo.

En una conversación con Carlos Franqui, Fidel le dice a éste: para una Revolución, es mejor tener un jefe malo, que muchos jefes buenos.

…Llevaba una cruz, y apuntó que su grupo "eran 12+1, igual que los apóstoles".

El entrenador de las tropas de Castro en México –Miguel A. Sánchez- un día le pregunta: Fidel, ¿Tú no crees en Dios? Y él le contesta: chico, ¿cómo no voy a creer en Dios? Lo que pasa es que no le tengo confianza"

Cuando una hermana suya fue a casarse por la Iglesia católica en La Habana, Fidel se opuso rotundamente, y envió a Raúl a negociar con ella para que no se casara por la iglesia." Fue una trama digna de una película" relata alguien muy cercano a él.

Pocos, si algún gobernante en el mundo, ha llevado a la muerte, o causado el suicidio de más amigos o compañeros de lucha, que Fidel Castro.

La única vez que Fidel Castro ha pedido perdón, fue el día en que tuvo una caída que le causó varias fracturas. En cuanto pudo recobrarse un poco del impacto con el piso, Castro pidió un micrófono y expresó: "Les pido perdón por haberme caído. Estoy entero".

Fidel Castro -¡un líder proletario!- es el gobernante que más casas tiene, según su exescolta Juan Reinando Sánchez e infinidad de otros conocedores de la realidad cubana. Tiene, además, un enorme fondo económico a su entera disposición. De esos dineros, él no tiene que darle cuentas a nadie, es su despojo por ser el "Máximo Líder de la Revolución y Comandante en jefe'

"Delante de mí mató a un cubano en el Rancho Santa Rosa de Chal" —cuenta El Coreano- fue en esta forma: Fidel me llama un día y me dice: "Espérame con tu Luber -yo tenía una Luber y dos cargadores- que voy a pasar por ti a buscarte con Raúl". Entonces yo –a Fidel tú no le podías hacer muchas preguntas, porque te mandaba a callar inmediatamente- bajo allí en la Avenida Chapultepec 120, y vi a Fidel en el Packard viejo. Nos montamos. Le dije: aquí traigo la Luber. Él me dice: dame la Luber. Digo: mira, solamente tiene dos cargadores que tienen cuatro proyectiles, —yo usaba bala expansiva- y el otro tiene 3 solamente. Entonces dice: toma la pistola mía. Me da la de él y me dice: "El personal de Chalico se nos ha sublevado; tenemos que parar esa sublevación. Palanquea la pistola… A Raúl le dice lo mismo.

Llegamos a Chalico, al rancho. El personal estaba sublevado por problemas de alimentación. A la tropa tienes que darle alimentación. Adoctrinamiento y alimentación para tenerlos contentos. Entonces Fidel me dice: Coreano, forma al personal. Se para Fidel con un gesto de rey que él tenía, mira la tropa y dice ¿quién es el comandante de esta insurrección contra Cuba? Y un cubanito -pobrecito- flaquito sale caminando y dice: "Fidel…" Óyeme, inmediatamente le metió cuatro balazos en la cabeza. La masa encefálica regada por todas partes…Nos deja así…yo me quedé asombrado del cubano en convulsiones…y Fidel le tira dos tiros más en la cabeza".

Orlando de Cárdenas, me contó que, en el verano del 1956 se corrió el rumor entre los que formaban aquel movimiento, de que tres hombres habían sido ejecutados. Tres hombres de Castro. No tuve más datos hasta después que triunfó la Revolución, que me enteré por el coronel Ramón Barquín, que fueron Arturo Ávalos, Miguel Ojeda y Braulio Aguirre, los tres habían sido ejecutados en la carretera de la Plata en Veracruz por que ellos habían manifestado su intención de que en caso de fueran de nuevo puestos en prisión iban a delatar todo a la embajada de Cuba. Eso firmó su sentencia de muerte, y fueron ejecutados por ese motivo"

De acuerdo a José Ignacio Rasco, conocido intelectual del Exilio Cubano y ex compañero de Castro en el Colegio Belén, "Fidel tenía miedo escénico al principio, para hablar en público, tanto es así que en la academia Avellaneda que, era una academia de oratoria, había que hacer una prueba para poder entrar y ser miembro; y la prueba consistía en echar un discurso de diez minutos, sin un papel ninguno, de un tema que te daban una hora antes; y Fidel estaba tan nervioso y tan tímido que falló tres veces la misma prueba hasta que, por fin, pudo entrar en la academia con esa tenacidad gallega que él tiene para los asuntos que se propone". (Párrafos de la entrevista de José Ignacio Rasco con Miguel Sanfiel).

Los discursos de Castro eran maratónicos. Discursos de 2-4 horas eran muy comunes; y por lo menos una vez, en 1998 llegó a 7 horas y 15 minutos. En la ONU habló por 4 hrs. 29 minutos, después de decir que iba a ser breve.

Todo lo expuesto hasta aquí, y muchas otras cosas que quedan por decir todavía, son parte integrantes de la semblanza de Fidel Castro, uno de los personajes más grotescos, no solo de la historia de Cuba, sino también de toda América, y que solo tiene comparación con sujetos como Hitler y sus secuaces, Idi Amin, Muammar Gaddafi, Pol Pot, José Stalin, Bashar El-Asad, y Saddam Hussein, entre otros.

Hay una casta de infortunados que no merecen ser redimidos: ¡aquellos que salidos de su estado, se olvidan de sus hermanos en pena! – M.S.

LAS CASAS DE FIDEL

Por Dr. Juan Clark

Juan Clark, nació en la Habana, Cuba 1938 de familia de familia de clase media de ascendencia británica y española. Fue miembro de la Brigada 2506 que combatió en Playa Girón en 1961, donde resultó capturado y sufrió presión hasta 1965.
Escribió el libro "Cuba, Mito y Realidad. Libro de 800 páginas, con varias ediciones en español y traducido al inglés, francés y portugués.
Fue profesor de sociología en Miami Dade College.
Participó en comités congresionales y dictó conferencias en varias ciudades de Estados Unidos, América Latina y Europa.
El Dr. Clark ha escrito varios libros, entre ellos: The Exodus from Revolutionary Cuba; The 1980 Mariel Exodus; Religión y Represión en Cuba; y Derechos Humanos en Cuba.
El deceso del Dr. Clark ocurrió el miércoles 28 de Febrero del 2013 en Miami.

Además de la descripción de Carlos Franqui, acerca de las casas de Fidel Castro a través de la isla, existe un número de informes que corroboran y amplían lo dicho al respecto.

Desde el principio de la década del 70 se reportaba que en cada una de las 14 provincias había una excelente vivienda o mansión siempre dispuesta a recibirlo. Un testigo de primera mano que tuvo acceso parcial a la parte externa de una de "las casas de Fidel", en los suburbios de la ciudad de Camagüey nos dijo que ésta dejaba chiquita a "Kuquine", refiriéndose a

127

una de las dos residencias del depuesto presidente Batista, la cual no podía calificarse de "suntuosa".

El entrevistado añadió que esta mansión situada en la hacienda llamada Tayabito, lujosamente expandida y localizada en el reparto Santayana, incluía 6 pistas de bolear (inexistentes en Cuba para el resto de la población), una sauna, un bar y piscina, así como establos para caballos. Se dice que Castro alabó el gesto de Raúl Curbelo, primer secretario del Partido en esa provincia a la sazón y promotor del proyecto.

Como se afirmó anteriormente, los privilegios de que goza Castro están muy por encima de los de cualquier otro dirigente del país. El mayor del cuerpo de contrainteligencia cubano, Florentino Azpillaga, que deserta en 1987, en una declaración de ese año abundó un tanto más sobre los privilegios del "Comandante en jefe".

Fidel Castro tiene una casa en cada una de las catorce provincias cubanas, una flotilla de yates, y una cuenta bancaria en Suiza, que usa para satisfacer cualquier capricho personal. El complejo de viviendas que Castro tiene en La Habana está equipado con todo el lujo posible. En el complejo hay cientos de casas para guardias personales.

Otros informes similares sobre casas para "El Comandante en jefe" nos amplían más aun la magnitud de este privilegio.

En Boquerón, provincia de Guantánamo, la residencia para el uso de Fidel Castro tiene muebles tallados en roca y cubierto con pieles africanas, e incluye canchas de tenis y basquetbol (el deporte favorito de Castro) También en Cojímar, en la provincia de La Habana "él tiene un chalet frente al mar donde practica el deporte de buceo", así como otra en Playa Colorada y el playa Arenas Negras en la antes llamada Isla de Pinos.

En el tercer piso del edificio que ocupa el Comité Central del Partido Comunista de Cuba, en la Plaza de la Revolución, se habilitó una vivienda para el uso exclusivo de Castro, y así mismo se construyó un apartamento para él cerca del aeropuerto internacional José Martí, en la capital. Castro tenía a su disposición una habitación en la anteriormente mencionada vivienda de Celia Sánchez en "la Calle 11, en el Vedado, La Habana, convertido por ella en un complejo residencial, el cual también posee cancha de basquetbol así como garajes cubiertos. Se ha reportado que en este complejo los guardias tienen fama de ser "gatillo alegre" contra aquellos que se atreven a entrometerse en el área cuando Fidel se encuentra allí.

Un exfuncionario que conoció este complejo residencial, nos relató: En la esquina de 12 y 11, en el Vedado, es donde vivía Celia Sánchez. La esquina, que era un edificio como de dos o tres plantas de apartamentos, se demolió completamente. Entonces hicieron una especie de "bunker" sin ventanas en una estructura tipo diamante, de dos pisos, de cemento, completamente cerrada y es una cancha de basquetbol de Fidel Castro; todo el mundo lo sabe. Eso se hizo en los años 71 o 72 más o menos, cuando él tenía la fiebre esa de jugar básquet. Además, eso es un "bunker", ahí no le entran ni las bombas...

Siendo Varadero el más famoso lugar de veraneo de Cuba, era lógico que allí tuviera otra importante residencia que aparentemente comparte con otros altos dirigentes, como lo describió otro testigo: "En varadero específicamente hay una casa que está muy bien equipada, pero muy bien equipada... con maderas preciosas y toda esa serie de cosas. Ahora bien,

129

esta casa no es específicamente de él solo, ahí van, por ejemplo, digamos, los de más confianza de él. También en ocasiones, se la ha prestado, por ejemplo, a Carlos Rafael Rodríguez. O sea, las gentes del Buró Político van ahí (…). Claro, cuando él va, pues nada más que es para él…"

Otra unidad residencial que puede añadirse al patrón arriba descrito es el complejo estilo motel, construido en la zona de San Pedro, cerca de la ciudad de Trinidad (en la actual provincia de Sancti Espíritus.) esta es un área rica en caza y pesca, y la edificación posee 22 habitaciones con toda la habilitación de un motel norteamericano, pero la misma tenía -al tiempo del informe a nosotros de 1982- la cualidad adicional de disponer una carretera asfaltada, privada, y plantas de agua y electricidad propia. Cuando este complejo estaba en construcción, a los trabajadores llevados desde Sancti Spíritus a ese lugar se les decía: Este complejo que estamos construyendo para los líderes de la Revolución (…) es un regalo del pueblo cubano; ellos se lo merecen, porque se sacrificaron mucho en la Sierra Maestra (durante la lucha guerrillera contra Batista), ellos son los que liberaron al país; ellos son los que trabajan para nosotros y esto (el complejo) tiene que ser construido como quien defiende la Revolución.

El general del Pino también informó de islas privadas a la disposición de Fidel Castro:

Porque creo que lo que sí es ilegal e inmoral es tener una isla particular al sur de Playa Girón (…). Pues esa isla (…) A Cayo Piedra él la tiene acondicionada para sus cuestiones personales (…). Es un centro que él tiene, sofisticado, con todo tipo de medio, bolera de juego, tiene sus piscinas térmicas. Pero bueno, allí fundamentalmente es para pesca submarina y para tener alguna relación con cualquier persona que él no desee que se conozca dentro de Cuba, pues allí él tiene el contacto con ella (…) eso es para el uso exclusivo de él (…) y quizás algún extranjero que quiera trabajar con él; que quiera conversar con él o utilizarlo en cualquier interés de él (…).

Pero fíjese, no es solamente esta isla particular. Él tiene mansiones en Siboney (….) en Santiago de Cuba. En la Calle 11, entre 12 y 10, en el Vedado; en la calle 49 (…). En la isla completa.

En torno a las residencias de que disponer Fidel Castro, este estudio ha encontrado testimonios de que una de ellas, situada a la sazón en el exclusivo reparto Siboney, es para su compañera Delia Soto del Valle, natural de Trinidad, en la actual provincia de Sancti Spíritus. Fidel la conoció en 1961 cuando ella realizaba labores de alfabetización en las montanas del Escambray. Diversas fuentes coinciden en que era a la sazón una mujer bella, de pelo negro y ojos claros. Se dice que Fidel la vio en un recorrido, la monto en un jeep y se la llevó. De acuerdo a estos informes, de esa unión ha surgido tres hijos, tanto ellos como la madre no han tenido actividad pública alguna manteniéndose prácticamente en el anonimato e incluso, para viajar, según otra fuente han usado el apellido Fernández. Una fuente bien informada nos relató, a propósito de esta situación, que es prácticamente desconocida tanto fuera como dentro de Cuba:

Es la madre de Alejandro, que es el mayor, y de ahí para acá (…). Hay uno de alrededor de 9 o diez años (…). Los nombres no los recuerdo, pero a Alejandro lo vi.

…(Dalia) era una mujer trigueña muy bonita. Esa mujer iba, por ejemplo, a lo que era el cuartel general de Tropas Especiales, ella iba con sus hijos a algunos actos de ellos, muy privados. Incluso, ella en algunas ocasiones se manifestó, de que tenía esperanzas de que en un futuro ella saliera a la luz pública y que ella sería algo, o sea, que se le daría algún cargo o algo. Pero él la tiene bien marginada. Es como decir: la madre de los hijos y punto, porque ni siquiera nunca se ha publicado que se casó con ella.

Durante mucho tiempo estuvieron juntos, hasta que entonces ella empezó a parir, y creo que a raíz de haber tenido el segundo muchacho, -los dos primeros son varones-fue que se casó con ella.

Los dos (hijos) mayores son muy parecidos a ella, de pelo negro. O sea, que no se parecen a él. Hay una hembrita que sí se le parece mucho a Fidel (Alina).

Raúl Castro es el segundo al mando en la Cuba actual. Aunque al parecer está muy distante de su hermano en el privilegio habitacional, también ha usado su poder para obtener considerables comodidades y lujos. Es de público conocimiento que en 1959, se casó con Vilma Espín y que el matrimonio fue a residir a un edificio de apartamentos en una moderna zona residencial de la capital, sin embargo:

…la mayoría de la gente en Cuba está convencida de que Raúl vive en un modesto apartamento en el Nuevo Vedado. La verdad es que sí vive en esa área de La Habana, pero no en un apartamento, sino en un edificio entero que ocupa así: utiliza cotidianamente cuatro apartamentos más a su entera disposición, totalmente habilitados con igual opulencia. Dispone de todo el pent house donde existe una amplia y elegante terraza para reuniones oficiales y personales. Allí, en el edificio está acomodado José Ángel –hijo mayor de Fidel- con su familia, Fidelito (hijo del primer matrimonio de Castro) con la suya, y los miembros de la familia Espín que viven en Oriente y lo ocupan durante sus visitas a La Habana (…)

Raúl dispone, además de las plantas restantes del edificio: una para visitas de dirigentes extranjeros que vienen a Cuba a entrevistarse especialmente con él, y las inferiores ocupadas por la seguridad personal y la guardia personal de Raúl, de las que forman parte tres tenientes coroneles: alcántara, castellanos y Casanova.

Raúl tiene otra casa tan protegida de la curiosidad pública como el edificio de Nuevo Vedado, allá cerca de la Tropical. Tiene su casa de vacaciones en Varadero, sus "casas de visitas" en Las Villas y en Camagüey y la fuertemente fortificada, con túneles y demás recursos y comodidades, en (el Reparto) Vista Alegre, Santiago, frente a la de Fidel.

Además de una finca particular detrás del hospital de Mazorra (…) Raúl tiene su propio coto de caza. Está en Cauto del Paso, cerca de Bayamo, Oriente y cuenta con cuatro o cinco cabañas equipadas por todo lo alto…

Un entrevistado recién llegado de Cuba nos cuenta de la residencia de Raúl Castro –quizás ahora la oficial- en una zona del Este de la Habana. Raúl Castro vive en una finca de recreo que hay en la autopista del mediodía, en La Habana del Este. Incluso hay una anécdota de esa finca de recreo y es que allí hay una calle donde existía un antiguo motel, que se llamaba El Club 77. Le llamamos motel aunque eso se conoce en Cuba con el nombre de posada (casa de citas) todas ahora en manos gubernamentales.

Esa era una de las mejores posadas de La Habana. Un edificio como de tres pisos, de unas 40 habitaciones, y todas con aire acondicionado. Entonces, un buen día, esa posada fue cerrada. Todo el mundo pensó que se trataba de un plan de reparaciones de posadas y esa era una más. Pero no. Aquella posada se convirtió en un cuartel de la guarnición que custodia la finca donde vive Raúl Castro, que está al fondo del motel. Es un motel utilizado exclusivamente para ese fin.

Hablando sobre Raúl Castro, otra fuente conocedora de la nueva élite cubana, nos abundó sobre aspectos personales del "segundo al mando de la Revolución", que contrasta con la del "Comandante en jefe".

Raúl es más moderado que Fidel en eso de los privilegios. Raúl, por ejemplo, es un hombre con todos los defectos esos que usted sabe en el orden político, pero en el orden personal, Raúl ama a sus hijos, ama a sus hermanos, a sus hermanas. Él es una persona que sus hermanas siempre tienen la puerta abierta para él.

Fidel no es hombre de amar a sus hermanos ni a nadie. Son dos personas totalmente diferentes"

Esta tendencia familiar de Raúl Castro, aparentemente ha dado lugar al usufructo de considerables privilegios por parte de la familia de la que ha sido su esposa, los Espín.

Según Rigoberto Milán: El viejo Espín, que como se sabe era un empleado de relativa importancia en la firma Bacardí, vive ahora muchísimo mejor que como vivían sus riquísimos empleadores de entonces.

Espín tiene otra mansión en la Playa de Marianao que comparte en sus viajes a la capital con su inquilino a pupilo, Pilín, el hijo menor casado y con una hija. Mientras, Iván, hermano de Vilma y que se llama igual que su cuñado, disfruta abiertamente en el Vedado de un apartamento a todo trapo.

Todos estos Espín, sin excepción, son viajeros sistemáticos y derrochadores compulsivos. Me tocó atenderlos varias veces en Alemania comunista y llevarlos de compras a Berlín

Occidental, donde se volvían locos comprando cosas "capitalistas" desde muebles hasta cosméticos. Normalmente los Espín derrochan una notable cantidad de divisas, pues les encanta llevar cosas para Cuba.

Almeida tiene y disfruta de todo. Consecuentemente el utiliza muy bien su casa de vacaciones en Varadero, donde siempre hay cola de interesadas aspirantes jóvenes. Almeida disfruta también de una finquita de recreo, con siembras y animales y que está cerca del aeropuerto de La Habana. La atiende un matrimonio. En Oriente tenía una lancha de carreras, el yate que fue de la familia Bacardí, al que pusieron el nombre de Cariquín, más otro expropiado a un norteamericano, porque dicen, transportaba drogas.

Entre los muchos privilegios de Juan Almeida, sin tomar en cuenta el numero generoso de vehículos que él ha obsequiado a sus esposas y conquistas transitorias, dispone de dos Mercedes Benz, dos jeeps, un Mercedes deportivo antiguo, que el mandó a reformar, tres Alfa, un avión ejecutivo y otras ventajas comunes a los demás dirigentes.

También concerniente a la vivienda, pero a un nivel inferior y distinto, deben mencionarse las "casas de visita". Estas se refieren a residencias que el Partido, los ministerios y otras entidades gubernamentales y económicas poseen a través del país. Esas casas sirven de alojamiento para los respectivos funcionarios, ya que estos no se hospedan regularmente en los hoteles regulares cuando viajan por el país.

Debe señalarse la diferencia entre las "casas de visita" estas se refieren a residencias que el partido, los ministerios y otras entidades gubernamentales y económicas poseen a través del país. Estas casas sirven de alojamiento para los respectivos funcionarios, ya que estos no se hospedan regularmente en los hoteles regulares cuando viajan por el país. Debe señalarse la diferencia entre las "casas de visita" pues como nos dijo un entrevistado, de acuerdo a la categoría del ministerio u organismo, así serán las condiciones de sus "casas de visita".

Las casas del Partido se destacan entre todas las demás, y aun entre estas hay diferencias, de acuerdo a la categoría de miembros del Partido que habrá de recibir. Un exfuncionario gubernamental nos contó al respecto:

No solamente es el Partido el que tiene casas de visita, sino los ministerios tienen sus casas de visita también; las empresas nacionales tienen casas de visita y así a escala; las empresas con recursos las adquieren o la construyen, pero estas casas de visita existen también fuera del ámbito del Partido.

Por ejemplo, digamos un funcionario del Ministerio de la Alimentación cada vez que hace un recorrido por el interior pues no pasa por los hoteles ni pasa por las casas de visita del Partido, sino que pasa por las casas de visita de su ministerio, que son suntuosas y son una réplica de las casas de visita del Partido.

Todas las antiguas mansiones en todos los antiguos poblados, digamos en Sancti Spíritus, pues las dos o tres casas más lujosas las tiene el Partido, a veces son hasta hoteles. Por ejemplo: sé que en Camagüey, el Partido tenía un hotel para los funcionarios del Comité Central que viajaban a Camagüey para trabajos del Partido, que no es la casa de visita del Partido, que esa es para los altos miembros del Partido nacional.

Y este ex funcionario abundó sobre los beneficios adicionales que estas casas de visita implican: las casas de visita son un gran negocio para el que tiene el privilegio de usarlas, porque el funcionario que viaja, digamos un director del Ministerio de la Agricultura, que viaja a Guantánamo durante tres o cuatros días para hacer un trabajo de inspección, en La Habana, le dan la dieta diaria, el dinero para el alojamiento, el dinero para el desayuno, almuerzo y comida, una dieta diaria. Le dan 60 u 80 pesos, y cuando llega a Guantánamo no gasta ese dinero, lo que hace es que se va para la casa de visita del ministerio suyo o de la empresa que él va a visitar, y se ahorra esos 80 pesos, come allí, vive, duerme, y regresa a La Habana con 80 pesos por encima de su sueldo, aparte de que en las casas de visita va a comer y va a estar mucho mejor que con el dinero que le dan.

Y hay quien no paga ni el transporte, y le dan, además, el dinero para el viaje, eso es aparte. El viaje te cuesta cincuenta pesos ida y vuelta, más las dietas de 60 u 80 pesos. Entonces te vas en carro con un amigo, y te ahorraste los 120 o 130 pesos, esa es otra de las entradas no visibles, las dietas, y esto se mantiene.

A parte, por ejemplo, si tu eres un individuo, un funcionario que va a hacer un trabajo, digamos, hay un problema en Camagüey dentro del Ministerio de la Alimentación, tu eres un director y el ministro te dice: "Bueno, hay que resolver este problema, te tienes que trasladar a ahí" y el individuo dice: "Bueno, necesito 3 meses para eso", y durante esos tres meses ese individuo está ahí recibiendo esa dieta que son 300 pesos al mes por encima de su sueldo.

Cuando regresa a La Habana, ese individuo tiene 900 pesos que no ha gastado, más el viaje. O sea, que esto, aunque es una dieta que parece pequeña, en Cuba no es pequeña. En primer lugar si tú ganas 400 pesos, más 300, son setecientos al mes, estás encaramado allá arriba. Además, la gente viene cargadas de esas casas de visitas, cargadas de jamón y todo lo que te den.

En estas casas de visita, los dirigentes no solamente encuentran hospedaje al estilo de los mejores hoteles, sino también abundante comida no racionada.

.

Las repúblicas deben fundarse sobre la noción de que los derechos de sus ciudadanos están en relación directa y estrecha con el cumplimiento de sus deberes, o la magnitud de sus limitaciones. – M.S.

LA ODISEA DE CELEBRAR UN CUMPLEAÑOS, UNA BODA, O INHUMAR UN DIFUNTO EN CUBA

Por Miguel Sanfiel

Para poder entender y creer las cosas que se van a narrar en este artículo, hay que primero hacer un recuento de la situación general del país; de otra manera sería increíble para el lector no cubano, aunque viviera en la nación más pobre de América. Dicho esto, vamos a comenzar diciendo que para poder adquirir los artículos de diario vivir: todo ciudadano cubano (obviamente esto no incluye a la nomenclatura, ni la élite del régimen) porque aun los médicos, los artistas, los profesores universitarios, los deportistas, a menos que estén en la cima de su profesión, tienen limitaciones similares a las del resto de la ciudadanía ya que la definición del socialismo (comunismo) dada por Wiston Churchill en los 40, dejó al desnudo esa teoría cuando expresó "El comunismo es "la ideología del fracaso, el credo de la ignorancia y la prédica de la envidia. Sus virtudes inherentes más representativas son la mentira y el reparto igualitario de la miseria",+ está plenamente materializado en Cuba, ya que cada ciudadano para poder acceder a unos pocos víveres tiene que tener su nombre registrado en la bodega-tienda-mercado que esté más cercano a la ubicación de su vivienda; además de eso, los nombres de todos los miembros de la familia deben aparecer en una libreta rectangular de unas 7 pulgadas de largo x 4 de ancho donde el tendero o "dependiente" registra los escasos artículos que llegan a ese centro comercial. No hay opciones; o sea, usted no puede decir: no me gustan los frijoles, deme la cantidad de onzas que me tocan de frijoles en azúcar, por ejemplo. Además, como la cantidad de los productos que llegan a la tienda son tan escasos y vienen tan esporádicamente, sería locura no comprar aquello que, aunque en cantidades muy restringidas, está disponible.

Artículos como dulces, refrescos, etc. son tan pocos, y tan espaciadamente ofertados –cuando lo hacen- que no hay manera alguna que la persona pueda planificar para reunirlos y hacer una fiestecita. Así que, ya de entrada, el planeamiento de un cumpleaños, debe olvidar, abstraerse de esa posibilidad.

El salario mensual promedio del trabajador cubano no calificado son unos 250 pesos, con una equivalencia de unos 10 dólares. En una familia de 3, donde solo uno de ellos trabaja (la esposa, el esposo y un hijo) tocan a 83 pesos por persona al mes, ¡y un refresco cuesta 25!

Ahora bien, los artículos que llegan al mercado son relativamente baratos y no hay mucho problema en comprarlos, pero como acabamos de explicar, éstos son restringidos a unas pocas onzas del artículo, incluyendo el café, por persona, o unas pocas libras, por ejemplo, de arroz o azúcar. Además, y no hay variedad para escoger; usted compra lo que hay, y punto. Todo esto lleva a la triste realidad que lo que el ciudadano cubano obtiene barato en la bodega solo le alcanza para unos 10 días del mes. Ahora viene la pregunta ¿Y cómo subsiste el resto del tiempo? ¡Muy buena pregunta; excelente pregunta! Y es muy fácil explicarlo: Se pasa hambre, o si tienes FE (familiares en el extranjero) que te envían algún dinero, lo compras al precio que lo encuentres, en el "mercado negro". El mercado negro no es una tienda pintada de ese color, es la obtención de las cosas que usted necesita de personas que de alguna manera tienen esos artículos, porque los venden para poder comprar alguna otra cosa que les apremie más, o son mal adquiridos, ya sea por el que se los vende a usted, o el que se los vendió al que se los vende a usted.

En Cuba hay una "cultura del hurto", porque cuando se vive en un país donde te pagan una miseria por tu trabajo, cuando inclusive, no tienes trabajo, porque el Gobierno es el único empleador, y no te emplea, y hasta si estás empleado, te botan –como sucedió hace algo así como un año, y no con unos pocos de trabajadores, sino ¡horror de horrores: 400,000 de un solo golpe! En un país de once millones (Si se descuentan los que están en las Fuerzas Armadas, la policía, los bomberos, los ancianos, los jubilados, los enfermos, los estudiantes, los discapacitados, y los "chivatos", te darás cuenta de que esos 400,000 son un por ciento elevadísimo de la fuerza laboral. Pues bien, como decía: Si vives en un país con esas tremendas limitaciones, y tienes hijos, o esposa, o padres que mantener, el más digno, el más moral, el más recto, tiene que "morder el cordobán" como dice el refrán, pues hay que vivir. Y para vivir en Cuba, a menos que haya tres o cuatro profesionales en la casa, la cuenta no da: un plátano cuesta un peso. Una libra de carne de cerdo, quince; una libra de café, treinta. (¡Casi el salario de una semana de trabajo!). Diez libras de arroz, cincuenta pesos; y así se hace infinita la lista de lo que las personas en una casa necesitan, y así se hace ojo de hormiga el poco dinero que logras conseguir.

Por eso, no porque nuestro pueblo sea deshonesto, ni porque sea peor que ningún otro pueblo, sino porque lo fuerzan a delinquir, es que el cubano ha ido creando esa cultura del hurto, que con el tiempo se va haciendo endémica, porque Fidel Castro no llegó hace tres años y cuando cumpla cuatro se va, ¡no! Fidel Castro lleva 55 años destruyendo como una plaga de langostas la conciencia nacional. Y el padre le pasa al hijo su estropeado modo de vivir; y ese hijo se lo pasa a su descendiente, y en ese amargo ciclo de generaciones es que el cubano (y tampoco todos, por favor, eso se sobreentiende. Siempre hay un por ciento que se escapa -por un medio o el otro, por una razón o por otra- de ese trapiche humano que le saca el jugo al humano)

Y por ese angustioso vivir, hoy tenemos al cubano a ultranza, sin interés de trabajar; que si tiene que mentir para conseguir cualquier cosa, lo hace; que si tiene, inclusive, que prostituirse, muchos lo hacen, porque el hambre es mala consejera y "la necesidad hace parir mulato".

Entonces en un ambiente así, es que el cubano tiene que enfrentarse al cumpleaños, la boda o el funeral de su familia, y ¡no es fácil!

Las penurias del ciudadano que vive en Cuba solo son verdaderamente conocidas por el otro ciudadano que vive allí también. El que va de visita a ver a su familia, el turista extranjero... esos, raramente se dan cuenta cabal del vía crucis al que tiene que enfrentarse día a día los padres, por ejemplo, para alimentar, vestir, calzar, proveer techo, cuidar del enfermo, y darle algún entretenimiento al niño,

Y el lector se preguntará ¿cómo es posible que el que va de visita hasta por un mes o el extranjero que va por unos días no se percata de la verdadera situación del cubano? ¡Pues porque Dios nos hizo así! pues al no ser por esas personas muy sensitivas y observadoras, cuando uno no está pasando por una situación, esa situación no llega a uno con la misma fuerza que el que la padece; de otra manera no pudiéramos los humanos vivir bajo el peso de tanto dolor como existe en el mundo. Otro factor es que, el familiar que va de visita o el turista extranjero va con una cantidad de dinero infinitamente mayor que aquella que tiene el ciudadano común, y por lo tanto, puede conseguir las cosas y resolver problemas de una manera más o menos fácil, y por ese mecanismo que acabamos de observar más arriba, no toma completa conciencia de la dureza del diario vivir del cubano.

Para proseguir es necesario explicar otro problema: El mercado negro funciona con lo que se llama CUC o peso convertible, que tiene un valor de 25 pesos cubanos. Si hacemos un pequeño ejercicio matemático y dividimos los 250 pesos que gana el obrero promedio, vemos sin ningún esfuerzo de la imaginación, que ese obrero trabaja TODO UN MES por 10 CUC. Pero hay aún más: Cuando el ciudadano va al mercado negro a comprar una soda, esa soda es vendida en CUC o su equivalente (25 pesos cubanos) y le puede costar 60-70 centavos de CUC+ =12 -14 pesos cubanos.

Así que el sueldo del mes le alcanzaría para comprar unos 20 refrescos de latas de 8 onzas. Pero sabemos que un cumpleaños por simple que sea debe constar de muchas cosas más, que incluye los bocaditos, el cake, el vestido, el calzado, las fotografías, los globos, la comida especial de ese día… y más, pero vamos a dejarlo hasta ahí para no volvernos locos nosotros también. Estaremos hablando de unos 100 CUCs o sea, 2,500 pesos cubanos o lo que es igual a 10 meses del salario completo del obrero promedio.

LA ODISEA DE CELEBRAR UNA BODA EN CUBA

Dado el hecho de que ya hemos tratado el tema de los salarios, vamos a prescindir de volver a hacerlo cuando hablamos de ese evento tan singular que es contraer matrimonio.

Aquí sí se complica la situación aun más todavía, porque hay que obviar todos los siguientes puntos: Lugar donde se va a vivir definitivamente; lugar donde se va a celebrar el evento; vestido para la novia y todos los demás aditamentos, traje para el novio; lugar donde se va a celebrar la boda; quiénes van a ser el notario y el fotógrafo; alimentos para los invitados; bebida para los invitados; música para amenizar la boda; conseguir y el sitio para la estancia de luna de miel; transportación para llegar a ese sitio; el cake y… los imprevistos, que especialmente en Cuba, nunca faltan.

El lector podrá decir: Bueno, pero esos temas enumerados son normales para cualquier matrimonio; ¡Sí, es cierto! solo que en cualquier otro país de este continente, el tema preponderante es, conseguir cierta cantidad de dinero, y ya después todo lo demás todo lo demás cae por su peso, sin mucho esfuerzo. Pero en Cuba no; allí hay que "zapatearlo

TODO", hay que adaptase "a lo que se puede conseguir" y no a lo que se desea. Un ejemplo quizás clarifique más lo que decimos:

Usted va a casarse; logra conseguir un carro cuyo dueño está dispuesto a prestarle ese servicio; si ese día al carro le da por no arrancar o se poncha una goma o el chofer se enferma, etc. ya usted tiene un grave problema entre las manos, porque conseguir un carro a última hora, puede probar no ser cosa fácil en Cuba, sobre todo en el campo, o poblados pequeños y aun en las ciudades.

El lector podrá imaginarse la tortura mental por la que tienen que atravesar tanto el novio como la novia ¡es para considerar suspender los planes y ponerse a vivir juntos hasta que la muerte los separe! Pero pensemos que no, que esta pareja está enamorada y quiere celebrar el enlace matrimonial de cualquier manera.

Entonces la novia comenzará a decidir: ¿nos quedamos a vivir con mami y papi, o nos iremos con tus padres? El novio replica: En tu casa ya no cabe más gente, y en la mía tampoco, pues tú sabes que mi hermana se casó y está viviendo con nosotros, y tu casa es muy pequeña, tendríamos que dormir en la sala, y figúrate…recién casados…sin privacidad…Si son comunistas, piensan en seguida: este maldito bloqueo nos tiene la vida hecha un yogur. Si son opositores el pensamiento será: Oye, ya aquí no se puede ni… ¡¿cuándo se acabará esto?! ¡Qué va, hay que irse para Miami!

Por fin los novios se calman un poco y acuerdan explorar las posibilidades de contactar a algún familiar el extranjero para echarle un llorao y ver "si nos ayudan solo esta vez". Supongamos que no tienen suerte, y que venderán lo poco que tienen de propiedades personales para juntar lo más posible, pero lo abusivo de esta situación es que cuando usted resuelve un problema, mira hacia adelante y ve que ya resolvió eso, ahora quedan catorce otros "problemitas" que obviar de la agenda, por ejemplo: lugar donde se va a celebrar la fiesta del matrimonio:

La situación sigue complicada, porque los lugares donde pudieran llevarla a cabo, unos valen muy caros (100 CUC, por ejemplo, que son seis meses de trabajo) y los otros pudieran ser amplios para el número de personas que va a asistir, pero da pena verlos, tienen poca presencia. Por fin deciden alquilar uno de esos sitios, pero cuando van a hacer la reservación, le dicen que el día que ellos quieren ya está separado; así que posiblemente tengan que cambiar la proyectada fecha de la boda para adaptarse a las condiciones o "agarrar lo que aparezca" para poder consumar lo acometido.

No sería sorprendente que la prometida le diga al novio, con una sonrisa triunfal, que ella tiene una amiga que es amiga de una señora que conoce a otra señora que está esperando la llegada de un familiar que vive en los Estados unidos, y le va a traer un vestido de novia para rentarlo. Bueno -piensa él- hay que adaptarse. Y recuerda el refrán: "El que quiere comer peces…

Tampoco sería extraño que el novio le diga a su amada: tengo un amigo en el trabajo, que le trajeron un trajecito del Norte, y seguro que me lo presta; así que se puede decir… que eso está resuelto. Y ya lo averigüé con mi jefa que el hijo del presidente del CDR de su cuadra que trabaja para el Gobierno como fotógrafo y tiene acceso a esos materiales, es casi seguro que tome las fotos de la boda si le conseguimos un puerquito…

La comida que se ofrecerá a los invitados va a ser un guanajo en fricasé y un lechón asado -añade el novio- El guanajo lo va a regalar tío Pepo, que vive en el campo; y el lechón para asar lo compré desde pequeñito y lo he criado ahí en el traspatio de la casa. El pobre casi no se puede mover porque lo tengo en una jaula hecha de cabillas para que no se lo roben, y añade: la cerveza me la consigue el que trae la pipa con la bebida. La que él trae es a granel, pero es amigo de uno que tiene un paladar, y ellos hacen sus jugadas y me la consiguen en lata; además de las dos cajas que el Gobierno nos vende para la boda.

Sin música la boda parecería un entierro, así que hay que ver a los… (Fulanos) y ver como se acopla la boda a su agenda (no lo contrario) a la vez que "sin plata no baila el mono", hay que "mojar a esta gente" para poder contar con ellos.

Conseguir algún hotel en… (pueblo más cercano) es riesgoso, porque si en ese día alguien del Partido o cualquiera de la "gente de arriba" se le ocurre necesitar el cuarto, ahí mismo se cae la mula. Pero bueno, quien no se arriesga, no pasa la mar, ni tampoco…

Ahora bien: como no se sabe la fecha de la boda, porque no se sabe cuándo llegará el vestido, no se puede hacer mucho, hay que esperar así que eso queda pendiente para cuando llegue ese artículo. Así que hay que esperar y confiar en que al fin y al cabo todo saldrá bien, porque con el cubano…no hay quien pueda.

LA ODISEA DE INHUMAR UN DIFUNTO

Una de las situaciones más difíciles en que puede verse un ser humano, es perder a un ser querido, sobre todo los más allegados como padres, esposa o hijo, y verse de pronto con el difunto en la cama, y la inusitada idea de ¿dónde lo enterramos?, ¿cómo conseguiremos la caja mortuoria?, ¿qué les brindaremos a los amigos y familiares que nos acompañen en estos momentos? Y esa situación no es rara en Cuba, sino lo más usual, lo más prevalente; sobre todo si ha sido una muerte que no se esperaba, el doliente sufre dos golpes a la vez: La pérdida del ser querido, y tener que enfrentarse a resolver problemas con los cuales no está familiarizado, y que por su complejidad añaden una carga emocional extra.

Inhumar a un difunto tiene las mismas características que aquella que hemos analizado arriba. Para ambos casos, si se quieren desarrollar como ha sido la costumbre del cubano por siglos, hay que primero tener mucha paciencia, tener muchos amigos, y tener una cantidad de dinero no proporcionada al mismo evento si ocurriera, por ejemplo, en Estados Unidos o algún otro país de América Latina. Cierto, hay veces que precisamente la dificultad de hacer las cosas, añade un ingrediente que hace más "romántico" el evento; como pudiera suceder especialmente con las bodas, en las cuales vencer todos esos obstáculos es una muestra del amor y el interés que el novio tiene para con la novia. De todos modos, puede parecer "romántico" pero para el que tiene que resolver el increíble número de problemas que surgen cuando se comienza a planear dicho evento no es nada placentero, especialmente porque la persona no sabe si a pesar de todos sus esfuerzos, va a poder estar a la altura del momento. O sea, está siempre presente ese elemento diabólico que es la incertidumbre presionando la psiquis de las personas que en Cuba se concreta en la palabra "resolver", que más que un verbo es una frase, un párrafo, un libro donde se resumen las aspiraciones y las angustias de los cubanos… "Resolver" el desayuno; "resolver" la transportación; "resolver" el calzado, el papel higiénico, el agua para tomar; el dulcecito para paliar un poco el deseo de mejores cosas…"resolver" los CUCs que cuesta mensualmente mantener un celular…"resolver" la pintura aunque sea para las paredes interiores de la casa para no estar mirando paredes desteñidas de los colores que tuvieron hace décadas…"resolver" la transportación para ir al médico, para comprar las medicinas…"resolver" para tener el agua almacenada, de modo que cuando se necesite sacarla, tenerla, pues el agua tampoco es abundante ni constante en la isla… "resolver" para si tienes hijos de edad escolar puedan tener libretas en que escribir y zapatos para ir al colegio… "resolver"…etc., etc.

En Cuba, la persona que es dinámica y "resuelve" los problemas, es muy apreciada, se vuelve imprescindible para un gran número de personas; y aquella que se "ahoga en un vaso de agua" vive una existencia de agonía o vende su cuerpo (mujer u hombre) a quien lo quiera, preferiblemente al extranjero que es el que más paga. Tal es así que anoche escuché la noticia menos esperada del mundo: que el hijo de Ernesto (Che) Guevara, que vive en La Habana, se dedica a rentar motocicletas -a turistas, por supuesto- para así obtener los preciados dólares y poder vivir la vida cómoda que su asesino padre fingía odiar. Y dijo "fingía" porque lo mismo han dicho Raúl y Fidel Castro y todos sus compinches, y sin embargo, viven en mansiones, comen manjares, y se reúnen con sus iguales y no con el pueblo.

¡Nunca, en 58 años he oído la noticia de que Fidel, Raúl, ni ninguno de los dirigentes y miembros del Partido Comunista de Cuba haya, ni por error, invitado a un hombre del pueblo a sus casas!

EL PUEBLO CUBANO: UN PRISIONERO DE GUERRA

Por Miguel Sanfiel

Todos o muchos de nosotros, los cubanos que éramos jóvenes cuando Castro subió a la Sierra, recordamos el himno con el que bajó de ella:

> Adelante cubanos
> que Cuba premiará nuestro heroísmo,
> pues somos soldados
> que vamos a la patria liberar
> limpiando con fuego
> que arrase con esta plaga infernal
> de gobernantes indeseables
> y de tiranos insaciables
> que a Cuba han hundido en el Mal

Fueron tiempos de intensas emociones por las noticias que oíamos con frecuencia, ya fuera por los medios noticiosos nacionales, por la "Radio Rebelde", por lo que en Cuba se conoce como "Radio Bemba" (noticia o información de cualquier clase que va de boca en boca) o por experiencias vividas por nosotros mismos.

Fue un tiempo, si se quiere, romántico, en el cual la mayoría del pueblo cubano tenía cifradas grandes esperanzas de que terminaran las muertes de personas que previamente habían sido torturadas o mutiladas.

Recuerdo cuando nos llegó la noticia de que Dagoberto Sanfiel, vecino de Pueblo Nuevo en la ciudad de Holguín, primo hermano del que escribe este artículo, había sido hallado ese día al amanecer tirado en un parque, con el cuerpo brutalmente destrozado.

Esa noticia vino a traer más de cerca el drama que vivía la población de mi zona después del Asalto al cuartel Moncada, y especialmente después que Castro se internó en La Sierra Maestra y comenzó la guerra de guerrilla.

A Castro lo apoyaban las güerillas urbanas; los partidarios de varias organizaciones, los estudiantes -especialmente los de la Universidad de La Habana- y ciudadanos que a título personal ayudaban de una manera o de otra o por lo menos lo intentaban y en esos intentos eran descubiertos por la policía, el ejército u otros cuerpos armados no siempre caían en manos dignas y acababan como Dagoberto Sanfiel.

Yo vivía con mis padres en Palmarito de Gibara, Oriente. Esta era una zona muy tranquila hasta 8-10 meses antes del triunfo de la Revolución. Recuerdo un episodio que luego narré en versos, y que fue así:

> Contaba yo mi peculio
> sobre rústica mesita
> cuando afuera una voz grita:
> -"Abra, 26 de Julio"-.
> Corrí muy rápidamente
> a la puerta y decidido
> -tal vez un poco atrevido-
> abrí a tan famosa gente.
> Entonces aparecieron

en vez de caras viriles
dos cañones de fusiles
que al acto me contuvieron.
Sin saber a ciencia cierta
lo que allí sucedería
pregunté con osadía
¿qué buscáis en nuestra puerta?

La respuesta se dejó
escuchar firme y concreta:
-buscamos una escopeta
que tienen ustedes, no?-
-Bueno…bueno…usted verá
consternado respondí,
hace tiempo… El viejo…sí
pero ya se ha roto…ya.
-Sabemos que no es verdad
ripostaron varias voces;
y tú sabes, tú conoces
cual es su finalidad.
-¡Ni las piezas de ella existen!,
afirmé con cierto enfado;
la puerta les he franqueado,
¿quieren registrar? ¡Registren!
-Registros aquí no habrá
gritó una voz desde afuera-.
-Dársela, dije, quisiera
pero ya se ha roto, ya.

Fuertes pasos resonaron
en el oscuro portal.
Ni bien hubo, ni hubo mal:
cual llegaron se marcharon…

De mí barrio salió Lizardo Proenza, un guajiro casi analfabeto, pero carismático, que tenía fama de guapo, porque se metía en todas las broncas que había en el barrio. Era un tipo simpático, de mediana estatura, trigueño, y de complexión fuerte. Y un día decidió alzarse y operaba en la Zona de Fray Benito y las montañas de Gibara.

En una ocasión vino con unos 20 hombres y acampó a las márgenes del Río El Caimán...Allí fui a verlo (tenía detenido a mi tío Ismael, porque en el pasado habían tenido una bronca, y allí le tuvo detenido "por precaución" -dijo él- hasta que partieran, cosa que sucedió así al final.

Cuatro o cinco años más tarde ese mismo Lizardo Proenza, fue quien tomó prisionero –y posiblemente le salvó la vida, según el implicado- a Agapito "El Guapo" Rivera en los llanos de la Provincia de las Villas.

Un día veo de pronto venir por el camino de Los Bajos, hacia el sur, un camión lleno de militares. En mi casa se armó gran revuelo, porque todos temíamos que fueran los "casquitos" -así se le decía comúnmente a soldados no profesionales y recientemente enlistados, los cuales tenían fama de ser malos, aunque para ser justos, no era la regla, sino la excepción-. Por fin el camión se detuvo y los militares se bajaron prontamente...pero todo volvió a la normalidad cuando empezamos a ver las barbas y los pelos largos... era Lizardo Proenza con sus tropas.

Otro día estaba trabajando yo en la estancia cuando alguien –no recuerdo quien- vino a avisarme que se decía que el general Jesús Sosa Blanco, con una compañía de soldados, había llegado por mar y se preparaba para desembarcar por Los Bajos, (una playa de segunda categoría que quedaba a un kilómetro y medio de mi casa). Seguidamente comencé a oír el ruido de un avión que se acercaba, y que en pocos momentos pasó muy bajo cerca de donde me encontraba. Ya me veía ya en las manos de Sosa Blanco. Nunca había visto una operación de guerra, y ahora comenzó a fustigarme la grosera idea de ver a mi madre siendo víctima de alguien que, la radio rebelde, describía como un monstruo sanguinario que quemaba casas, violaba mujeres y mataba de forma especialmente brutales. Por suerte, el reporte era falso y nada sucedió.

He contado estas cosas para llevar al lector a lo que vivimos una buena parte de los cubanos debido a la decisión malévola -ahora se sabe- de buscar por las armas los cambios que debieron buscarse de otra forma, porque la violencia engendra violencia; y la violencia armada engendra el crimen.

Después de dos años y pico en La Sierra, y seguido a la cobarde huída de Batista la madrugada del 31 de Diciembre de 1958, Castro vio los cielos abiertos y comenzó a desplazarse hacia el llano; ocho días más tarde entraba en La Habana. "La Marcha Triunfal" de Rubén Darío parecía resonar por todos lados:

> ¡Ya viene el cortejo! ¡Ya viene el cortejo!
> Ya se oyen los claros clarines,
> la espada se anuncia con vivo reflejo;
> ya viene, oro y hierro, el cortejo
> de los paladines.
> -------------
> Señala el abuelo los héroes al niño.
> Ved cómo la barba del viejo
> los bucles de oro circunda de armiño.
> Las bellas mujeres aprestan coronas de flores,
> y bajo los pórticos, vense sus rostros de rosa;

y la más hermosa
sonríe al más fiero de los vencedores.

Y al Sol que hoy alumbra las nuevas victorias
ganadas,
y al héroe que guía su grupo de jóvenes fieros,
al que ama la insignia del suelo materno,
al que ha desafiado, ceñido el acero y el arma en la
mano,
los soles del rojo verano,
las nieves y vientos del gélido invierno,
la noche, la escarcha
y el odio y la muerte, por ser por la patria inmortal,
¡saludan con voces de bronce las trompas de guerra
que tocan la marcha triunfal!...

Pero la euforia duró poco, por lo menos para los más visionarios, para los que ven más allá del beso hipócrita y la frase lisonjera; porque los tiranos comienzan siempre con palabras suaves y justas promesas, y terminan luego con leyes rígidas y castigos brutales. Y eso fue lo que sucedió con Castro, ¿recuerdan?

Primero de enero, luminosamente
sobre un mar de pueblo, resplandece un astro;
Ya vemos la mano pujante, la espaciosa frente,
la dulce sonrisa de castro...

Así se mostraba él ante el público que celebraba la victoria sobre el usurpador de la democracia, Fulgencio Batista. Sí Batista usurpó la libertad de los cubanos de elegir su presidente, y no quiso esperar a las elecciones, dando un golpe de Estado el 10 de marzo de 1952. Batista también permitió el crimen, pero este Fidel Castro comenzó en el llano lo que ya había venido practicando en La Sierra: fusilar.

155

Y al mismo tiempo que caían en el paredón algunos criminales, también muchos otros, que si hubieran sido juzgados debidamente pudieran haber salido absueltos o con unos pocos años de prisión, iban cayendo. Castro se sentía amo absoluto de la vida y de la muerte: ¡nació el tirano! ¡Una tiranía que iba a durar 58 años!

El tiranillo -Batista- se había mudado a la República Dominicana y su sucesor estaba en La Habana. El pueblo cubano, sin saberlo todavía, era un "prisionero de guerra" Era un prisionero de guerra, porque ahora con decenas de miles de armas en la mano, y con su cerebro malévolo y genial, este abogado de 33 años no venía a entregar los destinos de la república a un presidente civil, como lo había hecho 57 años atrás el insigne Generalísimo Máximo Gómez, ¡no! Castro venía para quedarse, venía para seguir matando, porque él, como Drácula, vive de la sangre, y sin ella se siente como el pez fuera del agua: ansioso, aturdido.

Castro comenzó a hacer leyes y a ejercer su voluntad como si fuera ley; y aquellos hombres que con él bajaron de la Sierra y conocían de lo que él era capaz, no se atrevían a desviarse de su voluntad ni un ápice. Los "valientes" se volvieron mansos sirvientes ante la posibilidad de la cólera de Castro. Castro los ofendía, y ellos callaban. Castro los enviaba a cometer crímenes, y ellos los cometían. Estos "emasculados de Castro" habían perdido su hombría, eran muñecos títeres en las manos del osado y prepotente Comandante en jefe, que parecía ser incansable y estar como un espíritu en todas partes para asegurarse de que sus emasculados hacían su voluntad. Pero en los pueblos, como en las selvas, está la serpiente que se arrastra y el ave que vuela; y de pronto, uno de esos hombres valientes y leales a la causa del pueblo -Huber Matos Benítez- viendo el rumbo que tomaba la Revolución, presenta su renuncia, pero Castro no acepta "renuncias", él es un buen sicólogo y sabe que subordinado de hoy puede ser un formidable enemigo mañana, y no solo no acepta la renuncia del afamado comandante Matos, sino que envía a otro famoso comandante -Camilo Cienfuegos- a tomarlo prisionero; y así se hace. Un tiempo después Matos está en la cárcel para cumplir 20 años, y Camilo Cienfuegos está muerto... Unas semanas más tarde, Pedro Luis Díaz Lanz, jefe de la Fuerza Aérea Cubana, deserta. Después tiene que exilarse, para salvar la vida o evitar la cárcel, el mismo presidente de la República, el Dr. Manuel Urrutia Lleó.

Así van los poco valientes que quedan, encontrando la muerte, la cárcel o el exilio; pero los eunucos se afianzan en el poder; a cada ciudadano se le pone una esposa invisible; cada familia está atada con una invisible cadena. ¡El pueblo de Cuba ya es un inerme prisionero de guerra!

De esto hace cincuenta y cinco años, 11 meses y 5 días cuando escribo este artículo –Diciembre 5, 2014- ¡Casi el mismo tiempo que duró la República! En el exilio mundial hay más de un millón y medio de cubanos. En el fondo del Estrecho de la Florida hay decenas de miles de cadáveres de los que huían en precarias balsas del hambre, la intolerancia, la pobreza y la agonía de vivir en Cuba. No sé cuantos presos hay hoy en Cuba, pero sí sé que solo en el Combinado del Este, hay 3000 ¡y hay cientos de cárceles a través de toda la isla para hombres, mujeres, ancianos y niños!…

Y cuando Fidel ya físicamente no pudo más, designó a su hermano Raúl para estar seguro de que las cadenas no iban a ser cortadas; y ahí está el otro bandido, haciendo reformas a cuenta gotas para ver si pueden mantener al pueblo sedado hasta que ellos, los dos angelitos de Birán, mueran tranquilamente en sus respectivas camas.

LA UNIÓN DE ESCRITORES Y ARTISTAS CUBANOS (UNEAC)

Por Roberto Luque Escalona

Luque Escalona es el autor de *Los niños y el tigre* (primera edición en Mérida, con el título de: *Fidel el Juicio de la Historia. Y, Yo, el mejor de todos* (biografía no autorizada del Che Guevara) fueron escritos en Cuba. *El Profesor*, en Texas, New York y Miami. Los demás, en Miami.
Salió de Cuba el 18 de junio de 1992.
Escribe una columna semanal para el Periódico Libre.
Otras publicaciones:
Bonpland #8, novela. *Lorenzo y el cordero del diablo*, novela. *Rolando Masferrer en el país de los mitos*, ensayo. *Virgen en las rocas*, novela.
La Fiera del Libre (recopilación de artículos).
El Profesor y los hombres de Don Álvaro, novela.
El regreso de Malinowski Grant, novela
La piedra de rayo, novela. Y *Une maison explosive, novela*

Esa palabra que suena como el graznido de un pato, lo que no deja de ser simbólico, es la sigla de la Unión Nacional de Escritores y Artistas de Cuba, organización de apoyo incondicional al castrismo, fundada en agosto de 1961 por Nicolás Guillén, un buen poeta cuyo talento se vio enturbiado por las prédicas comunistas y el odio racial.

Es de señalar la preponderancia de los literatos sobre los demás miembros: músicos, cantantes, bailarines, pintores, escultores y actores. La UNEAC es la Unión Nacional de Escritores…y Artistas. Nadie imaginó entonces que la

158

literatura sufriría una notable merma de calidad. De las otras ramas creativas, la música tuvo un desarrollo contradictorio: los compositores son claramente inferiores a los de antes, no así los instrumentistas; el *ballet*, siempre bajo la férula de los Alonso, superaría los niveles anteriores; la pintura al menos se mantuvo, aunque la escultura decayó; el cine, con sólido respaldo gubernamental, superó ampliamente lo poco que se había hecho antes. Sin embargo, la literatura se degradó de manera absoluta.

Recuerdo los años 60´, cuando yo era joven y espiritualmente fuerte. Fuerte había que ser para leer aquella narrativa de los escritores surgidos a la sombra de la Revolución. Los leí a todos. Se salvaron dos: Calvert Casey, con sus cuentos de *El regreso*, y Reinaldo Arenas, con *Celestino antes del alba.* Los dos homosexuales, los dos suicidas, ambos quedaron a mitad del camino.

Aunque nunca antes se habían editado más libros en Cuba, la literatura se hundió en la adulación y el fervor por un grupo de rufos a quienes la creación artística y literaria nada les importaba, cuando no les provocaba desprecio. En cambio, los hombres de letras se sintieron fascinados por ellos, aunque no eran otra cosa que patanes dotados para ejercer la violencia.

La excepción era el Che Guevara, aficionado a la lectura y quizás un escritor frustrado por las circunstancias; sin embargo, el culto comandante argentino en quien los literatos quisieron ver un homólogo resultó arisco y regañón. "El pecado de los escritores cubanos es no ser lo suficientemente revolucionarios", les dijo. Yo diría que el único pecado de un escritor es carecer de talento. De ser así, la abrumadora mayoría de los miembros de la UNEAC resultaron ser pecadores impenitentes.

La fecha de fundación de esta especie de sindicato intelectual resulta significativa. En junio de 1961 Fidel Castro se reúne en la Biblioteca Nacional "con la crema de la intelectualidad", no para brindarles "un agasajo postinero", sino para señalarles de manera inequívoca cuál era su lugar. A pesar de su natural locuacidad, esa vez sintetizó su pensamiento en sólo diez palabras: "Dentro de la Revolución, todo. Fuera de la Revolución, nada". Dos meses después, en agosto, se funda la UNEAC.

Para encabezarla se designó a Nicolás Guillén, cuyo renombre en aquel momento sólo igualaba Alejo Carpentier. La designación de Guillén (porque designado fue) es para mí un misterio. Por motivos que no alcanzo a comprender, Fidel Castro lo odiaba; en cambio, se mostraba condescendiente con Carpentier. En uno de sus paliques en la Colina Universitaria les dijo a los estudiantes que Guillén era un holgazán que escribía un poema al año, no como Carpentier que acababa de publicar una voluminosa novela. Lo curioso es que la poesía de Nicolás siempre fue inobjetablemente comunista, mientras que *El Siglo de las Luces* es una novela contrarrevolucionaria, una diatriba contra la Revolución Francesa que puede aplicarse a cualquiera otra Revolución. Fidel Castro seguramente no la había leído, que él sólo leía literatura cuando quería impresionar a algún literato extranjero. El resultado fue que José Rebellón, entonces Presidente de la FEU y bufón de turno del monarca, organizó lo que luego se llamaría "un acto de repudio" ante el edificio donde vivía el poeta. Los estudiantes se divertirían de lo lindo gritando consignas contra el que luego sería nombrado Poeta Nacional. Recuerdo una, que parodiaba un poema de Guillén dirigido contra John Kennedy: "*Nicolá/* ya no vales *na/* Sólo sabes decir *Kenedí-Kenedá*".

Más de medio siglo ha transcurrido desde entonces y la UNEAC se ha mantenido inalterable, siempre apoyando los

160

crímenes y desmanes de la tiranía. Guillén estuvo en el cargo hasta que la muerte lo vino a buscar siendo ya octogenario. Ahora la preside Miguel Barnet, ex homosexual perseguido, que si de escribir se trata no es un zapato viejo de su predecesor. Debo aclarar que lo de "ex" se refiere a la persecución, no al homosexualismo.

En la cincuentenaria y lamentable historia de la UNEAC hay dos momentos particularmente infames. El primero fue lo que se conoce como el Caso Padilla. Heberto Padilla había ganado el Premio de Poesía en el concurso anual de la UNEAC. *Fuera de juego* fue incluso publicado, pero sobre su autor llovieron las acusaciones de contrarrevolucionario. Padilla no escarmentó. Se sentía fuerte por su creciente renombre y sus relaciones con estrellas literarias extranjeras. Se atrevió a elogiar una obra recién premiada en España del anatemizado fugitivo Guillermo Cabrera Infante. Para colmo, escribió una novela, *Los héroes pastan en mi jardín*, una obra anodina, pues aunque era, quizás, el mejor poeta cubano del siglo XX, Heberto Padilla no sabía narrar. Sin embargo, el título olía a contrarrevolución.

Padilla fue por fin detenido junto con su esposa, la también poeta Belkis Cuza Malé. Como no se consideraba un contrarrevolucionario, no estaba espiritualmente preparado para enfrentar la infinita maldad de la Revolución. Y se derrumbó.

Aquí entra en acción la UNEAC. El desdichado poeta fue presentado ante la asamblea plenaria de sus colegas y ante ella recitó un *mea culpa* que lo salvó de la cárcel, pero lo destruyó como creador. Nunca volvió a escribir poesía con la calidad de antaño y sólo unas magníficas traducciones de William Blake dieron sentido a sus años de exilio. La otra gran infamia tuvo lugar cuando el grupo opositor Criterio Alternativo promovió una carta en la que se planteaban demandas al Gobierno. La carta, el documento más flojo que yo haya firmado en mi vida, no podía ser más moderada. De las cinco demandas, sólo una, la que reclamaba la liberación de todos los presos políticos, ha quedado en mi recuerdo. Únicamente la firmaron cuatro miembros de la UNEAC, cinco si contamos a María Elena Cruz, que había sido expulsada; dos firmantes pertenecían a la Unión de Periodistas y los otros tres no pertenecíamos a nada, y sólo yo había publicado un libro.

La llamada Carta de los Intelectuales pudo haber pasado poco menos que inadvertida, pero como la enviamos a Miami y aquí se publicó, a Fidel Castro le dio uno de sus ataques de histeria paroxismal y lanzó contra nosotros... ¿A la Seguridad? ¿A las Avispas Negras? No. A la Unión Nacional de Escritores y Artistas de Cuba.

El Pronunciamiento del Consejo Nacional Ampliado de la UNEAC es el documento más infame publicado en Cuba antes y después del 18 de junio de 1991, fecha de su publicación en *Granma*, ese libelo gubernamental de tan ridículo nombre. En él se nos acusaba de tener ¨vínculos directos con la *CIA*¨ y de ser ¨ejecutores de una acción enemiga¨. Por menos que eso han fusilado a mucha gente en la Cuba castrista.

En días posteriores, en sucesivas ediciones, se publicaron los nombres de cientos de miembros de la UNEAC que apoyaban las acusaciones contra nosotros. Ya no sólo escritores, sino también músicos, bailarines y bailarinas, cantantes, actores y actrices, pintores, escultores.

Fue algo así como una autodefinición. Esa es la UNEAC. Esa es la intelectualidad revolucionaria. Los llamaría carneros - Si carneros hubiera cuya baba fuese venenosa-.

DISCRIMINACIÓN POR DECRETO. EXCLUSIÓN SOCIAL Y POLÍTICA EN LA CUBA DE HOY

Por Omar López Montenegro

Omar López Montenegro es director de Derechos Humanos de la *Fundación Nacional Cubano Americana.* En Cuba fue fundador de la *Asociación Pro Arte Libre,* la *Coalición Democrática Cubana,* y la *Unión Cívica Nacional.* También tomó parte en la manifestación frente a Villa Maristas, cuartel general de la policía política, el 6 de septiembre de 1991.

Ha impartido conferencias sobre Cuba a través de los Estados Unidos, América Latina, Europa y África. Ha sido delegado e impartido talleres sobre Cuba ante la Comisión de Derechos Humanos de la ONU, el Foro Mundial de la Sociedad Civil, y la Asamblea Mundial de la Sociedad Civil.

Es graduado de Economía en la Universidad de La Habana, y Editor en el Instituto Cubano del Libro. Ha traducido al Español, entre otras publicaciones: "Lucha Estratégica No Violenta; 50 Puntos Cruciales"; "Con Manos Desnudas: Movimientos Sociales No violentos en el Bloque Soviético".

Ha escrito diferentes artículos, ensayos y manuales como "20 Percepciones Erróneas Sobre la Lucha Estratégica No violenta".

Se desempeña, además, como co-moderador de los programas "Cuba al Día" y "La Revista de la Noche", de Radio Martí.

El tema de la discriminación se ha convertido en una de las principales agendas políticas y sociales del mundo moderno. Aunque el término suele asociarse de forma más común a los temas raciales y étnicos, a medida que se ha ido expandiendo el campo de debate sobre este tema se ha logrado ampliar este concepto para incluir formas de discriminación como las basadas en el género, extracción social, orientación sexual y opinión política, muchas de las cuales han emergido con inusitada fuerza en las últimas décadas del siglo XX y la primera de este Siglo XXI. A pesar de que tanto la Declaración Universal de Derechos Humanos como el Pacto Internacional de Derechos Civiles y Políticos, así como otros instrumentos internacionales establecen una base de derecho internacional clara y precisa sobre estas cuestiones, la práctica de la discriminación y específicamente la discriminación política, continúa siendo una de las principales fuentes de represión, inestabilidad y conflicto en el mundo moderno.

Uno de los ejemplos más ilustrativos de esta realidad es la situación imperante en Cuba. Todos los mecanismos políticos de la sociedad cubana están diseñados para excluir a quienes disienten del sistema. La característica *sui generis* de la discriminación y la exclusión política y social en la Cuba de hoy consisten en que no obedecen a hechos aislados o actitudes individuales, sino que forman parte de un diseño consciente por parte del régimen para ejercer su dominio sobre la población. La propia Constitución vigente es muestra palpable de esta realidad, cuando en su artículo 123, inciso "b", señala que uno de los principales objetivos de los tribunales es "salvaguardar el régimen económico, social y político establecido en esta Constitución". Este objetivo define con claridad su carácter discriminatorio cuando afirma en el artículo 5 de la propia Constitución que "El Partido Comunista es la fuerza rectora de la sociedad y el Estado". La definición está clara: todas las demás fuerzas de la

Cuba, el legado de Fidel Castro

sociedad cubana deben regirse por esta visión comunista única y excluyente.

El marco institucional y legislativo del país está diseñado para reprimir el ejercicio de las libertades fundamentales del ser humano. En Cuba continúan vigentes todas las figuras delictivas tipificadas en el Código Penal para castigar la libertad de expresión y asociación, tales como "peligrosidad", "reunión ilícita", "desacato", y la llamada "Ley mordaza" (Ley 88 de Protección de la Economía Nacional y la Independencia de Cuba), que fue el principal instrumento jurídico empleado durante los juicios sumarios de la oleada represiva de marzo de 2003. Las elecciones a la Asamblea Nacional del Poder Popular celebradas en febrero de 2008, que oficializaron la sucesión por decreto de Raúl Castro, fueron calificadas por *Human Rights Watch* como "manipuladas por la obstrucción de los opositores a poder participar".[1]

Una situación semejante se observa con relación a los mecanismos sociales. No existe libertad de movimiento para los ciudadanos, que necesitan de un permiso especial del Gobierno cubano, conocido popularmente como "tarjeta blanca"[2], para salir del país. Lo mismo sucede con el desplazamiento de los ciudadanos en el interior de la isla, regulado por el decreto 217, establecido el 26 de abril de 1997, mediante el cual se le prohíbe a las personas que residen en el interior del país establecer residencia en la ciudad de La Habana. Mediante este decreto, cualquier

---

[1] *Informe Anual de Human Rights Watch.*
http://hrw.org/englishwr2k8/docs/2008/01/31/cuba17767.htm
[2] *La solicitud del documento tiene que ser pagada en pesos convertibles, y el mismo sirve de medida de presión y chantaje contra los que aspiran a abandonar el país.*

persona oriunda de las provincias que necesite permanecer por más de 30 días en la capital está obligada a informar sus datos personales a los llamados "Comités de Defensa de la Revolución" que existen en cada cuadra, quienes a su vez reportan el caso a las unidades policiales correspondientes.

La constitución reconoce la libertad de expresión y prensa, pero establece que este derecho sólo puede ser ejercido "conforme a los fines de la sociedad socialista"[3]. No existe propiedad privada sobre los medios de prensa, incluidos la radio, televisión u otros medios de difusión masiva, quienes se encuentran todos en manos del Estado. El ejercicio del periodismo independiente no está sólo prohibido, sino que además, cualquier intento de practicarlo fuera del ámbito gubernamental es severamente castigado. En su informe "Los Peores entre los Peores, Las Sociedades Más Represivas del Mundo", *Freedom House* afirma:

"La prensa en Cuba es objeto de una campaña de intimidación por parte del Gobierno, el cual utiliza agentes del Ministerio del Interior para infiltrar e informar sobre sus actividades. Los periodistas independientes han estado sujetos a represión continua, incluyendo sentencias a trabajos forzados y golpizas a manos de agentes de la Seguridad del Estado mientras se encuentran en prisión. Las agencias de prensa extranjera tienen que emplear a reporteros locales por medio de oficinas del Gobierno, las cuales niegan oportunidades de empleo a los periodistas independientes".

El artículo 22 de la constitución socialista establece en su contenido la violación a los derechos humanos en esta esfera, cuando afirma que se "reconoce a los ciudadanos libertad de

---

[3] *Constitución de Cuba, Artículo 53.*

166

palabra y prensa, conforme a los fines de la sociedad socialista".

En el más connotado incidente relacionado con este tema, el 5 de febrero de 2008, la BBC de Londres dio a conocer un video que mostraba a dos estudiantes de la Universidad de Ciencias Informáticas, Eliécer Ávila y Jorge Hernández, emitiendo fuertes críticas al sistema electoral y a la discriminación monetaria durante una reunión con Ricardo Alarcón de Quesada, Presidente de la Asamblea Nacional del Poder Popular. Tras una extensa divulgación internacional del video, oficiales del Gobierno se presentaron en la vivienda de Eliécer Ávila en la provincia Holguín y lo condujeron a La Habana, donde se filmó un video en el cual aclaraba que sus críticas "habían sido manipuladas y malinterpretadas". Su madre calificó el hecho como un acto de intimidación y secuestro contra su hijo.

A falta de un programa coherente de mejoras para toda la población, el régimen maximizó el problema de la discriminación racial con el fin de pretender que al menos a los negros, se les había redimido y devuelto la dignidad. La gran paradoja de esta campaña propagandística sobre la base de la raza es que ha puesto en evidencia el carácter racista del régimen. Esto puede ser analizado en base a una lógica que emana de la esencia misma de las estructura del poder comunista. Al ser Cuba ahora una sociedad cerrada donde las personas no pueden acceder a los puestos públicos en virtud de sus méritos ó por votación libre, sino sobre la base de los designios de las máximas autoridades del Gobierno, la ausencia de cubanos de la raza negra en las altas esferas es una señal evidente de que no hay lugar para los negros dentro de ellas. Ante la ola de críticas provenientes del exterior e informes secretos del Ministerio del Interior acerca del alarmante índice de delitos registrados entre la población negra, sumados al elevado por ciento de abandono escolar, entre otros indicadores, Fidel Castro se decidió a tocar el tema en un discurso donde terminó por ordenar el aumento del ingreso de negros en las filas del partido.

En este discurso se hicieron evidentes dos premisas. En primer lugar, se hizo patente la esencia racista del Partido Comunista, una organización que cerraba sus puertas a los ciudadanos que debían ser mayoría en sus filas, debido a que constituyen la mayoría abrumadora de la población. Por consiguiente, un proceso de selección natural en base al mérito forzosamente tendría que mostrar una mayoría de cubanos negros y mestizos en el liderazgo social y político en la isla. De este hecho se derivan dos conclusiones: o el Partido Comunista restringía el acceso de los negros a sus filas, realidad admitida por el propio secretario general, o por otra parte, la mayoría abrumadora de los cubanos negros o mestizos no estaban interesados en ser miembros de ese partido, lo que demuestra a todas luces que éste no satisface a los cubanos de la raza negra. Esta última conclusión es una consecuencia de la primera, lo que nos brinda una realidad resultante de la conjugación de ambas.

La segunda premisa vino a ser una confirmación de algo que ya era un hecho cierto: si para que los negros estuviesen representados en el partido como correspondía se precisaba de un discurso de Fidel entonces era obvio que su ascenso se debía a un rejuego de política y no al proceso natural de selección que debía existir dentro de una democracia popular, lo que coloca a la igualdad racial como algo sujeto a los caprichos y necesidades del dictador. La discriminación en Cuba se fundamenta en que el concepto de negro o mestizo ha dejado de ser un elemento racial para convertirse en un diseño político, lo que impide la libre discusión y búsqueda

168

de soluciones a los problemas. Existe un rígido marco de comportamiento y movilidad social, configurado por el régimen de acuerdo a los intereses políticos del sistema, que enmascara y hasta mitifica la cruda realidad. La discriminación por motivos políticos, una de las más rampantes formas de discriminación que imperan en Cuba, se duplica al ser conjugada con la discriminación racial. Si eres disidente tienes un pecado, si eres disidente y negro, entonces tu pecado es doble.

Los enemigos de los pueblos, gustan de los ciudadanos que piensan sólo en sí mismos, porque éstos a la corta o a la larga, de una manera o de otra, se le vuelven siempre aliados.– M.S.

BREVES COMENTARIOS A LA CARTA DE DESPEDIDA DE MIGUEL ÁNGEL QUEVEDO

Por Miguel Sanfiel

Miami, Florida

12 de 1969 Agosto de 1969

Sr. Ernesto Montaner.

Querido Ernesto:

Algunos creen que esta carta no fue escrita por Miguel Ángel Quevedo. No voy a comentar sobre ese particular, porque eso es casi irrelevante. El hecho es que Quevedo se suicidó, y nadie se suicida sin un motivo que lo carcome tanto que no puede soportarlo.

Cuando recibas esta carta, ya te habrás enterado por la radio de la noticia de mi muerte. Ya me habré suicidado -¡al fin!- sin que nadie pudiera impedírmelo, como me lo impidieron tú y Agustín Alles el 21 de enero de 1965. ¿Te acuerdas? Ese día entraste en mi despacho a entregarme un artículo tuyo. Conversamos un rato. Pero notaste que yo estaba ausente del dialogo. Me viste preocupado, triste, muy triste y profundamente abrumado, y me lo dijiste. Pensé en mi

170

hermana Rosita, a quien adoro y se me llenaron de lágrimas los ojos [...] Te confesé que en el momento que llegaste a mi despacho, estaba pensando darme un tiro en la cabeza. Y hasta te dije que mi única preocupación era Rosita, que me viera tirado en el suelo sobre un charco de sangre. No quería dejarle esa última imagen, habiendo decidido -y también te lo confesé- suicidarme acostado en el sofá para que, al verme, tuviese la impresión que dormía. Recuerdo la expresión de pena y asombro que había en tu cara. Te levantaste. Fuiste a mi escritorio y le quitaste las balas al revolver. Y allí, sentado en la silla del escritorio me dijiste: "Estas loco, Miguel, estás loco". Me hablaste de Dios, de la perdición eterna de mi espíritu, de la brevedad de la vida, de la falta que yo le haría a Rosita dejándola sola en el mundo.

Me hablaste de veinte cosas; y viendo que me resbalaban, me amenazaste contactar a Rosita y a todos los empleados de Bohemia para enterarlos. Te supliqué que no lo hicieras.

Comprendí la responsabilidad que mi confesión te habría echado encima. Y te juré por la vida de Rosita que no lo haría. Convencido que me habías desviado del propósito -al menos por el momento-, saliste de mi despacho. Te encontraste a la salida con Agustín Alles y se lo contaste. Y tú y Agustín se fueron a ver al doctor Esteban Valdés Castillo. Me llamaron de la casa de Valdés Castillo y me pusieron al habla con él. Un gran medico de excepcional talento. Quiso verme con urgencia, pero no nos vimos. Lo que hicimos fue hablar mucho por teléfono. Cuando no me llamaba él a mí, lo llamaba yo a él. Pero hablábamos todos los días. -Jamás volví a hablar contigo. Perdóname, pero pensé que habías hecho mal al divulgar algo que yo te había dicho a ti amistosamente, en un momento de flaquezas. Y no volvimos a tener comunicación hasta hoy, en que ni tú, ni Agustín Alles, ni

Valdés Castillo, ni nadie me hubiera impedido llevar a vías de hecho mi determinación. Estás, pues leyendo, la carta de un viejo amigo, muerto.

Valdés Castillo tenía razón cuando afirmaba que la idea del suicidio pasaba por la mente del paciente en forma de círculos, que cada vez se iba reduciendo hasta convertirse en un punto.

Como sabemos por la lectura de esta carta llena de frases desesperadas, Quevedo estuvo bajo tratamiento siquiátrico –si con medicación o no, no lo sabemos, pero el Dr. Castillo era famoso en Cuba, y un siquiatra, tratando un paciente bajo ese estado, se presume que estuviera medicado, pero eso no bastó.

Mi punto llegó. Sé que después de muerto lloverán sobre mi tumba montañas de inculpaciones. Que querrán presentarme como "el único culpable" de la desgracia en Cuba.

Bohemia, la revista que él dirigía, se distinguió, desde los inicios de la Revolución por apoyar la lucha armada contra Fulgencio Batista.

Estas son sus palabras o las palabras de quien le conoció tan profundamente que pudo dictar estas frases que se han vuelto inmortales dentro de la historia de Cuba:

"Yo no niego mis errores ni mi culpabilidad; lo que si niego es que fuera el único culpable". Culpables fuimos todos en mayor o menor grado de responsabilidad. Culpables fuimos todos, los periodistas, que llenaban mi mesa de artículos demoledores contra todos los gobernantes, buscadores de aplausos que, por satisfacer el morbo infecundo y brutal de la multitud, por sentirse halagados por la aprobación de la plebe, vestían el odioso uniforme de los "oposicionistas sistemáticos". Uniforme que no se quitaban nunca. No importa quien fuera el presidente, ni las cosas buenas que estuviera realizando a favor de Cuba, ¡había que atacarlos, y había que destruirlos! El mismo pueblo que los elegía, pedía a gritos sus cabezas en la plaza pública.

El pueblo también fue culpable. El pueblo que quería a Guiteras. El pueblo que quería a Chibás. El pueblo que aplaudía a Pardo Llada. El pueblo que compraba Bohemia porque Bohemia era vocero de ese pueblo. El pueblo que acompañó a Fidel desde Oriente hasta el campamento de Columbia. Fidel no es más que el resultado del estallido de la demagogia y de la insensatez. Todos contribuimos a crearlo. Y todos, por resentidos, por demagogos, por estúpidos, o por malvados, somos culpables de que llegara al poder.

Estos párrafos que acabamos de leer son el evangelio de lo que sucedió en nuestra patria y lo que está aconteciendo en varios países de América Latina. Ahí está el ejemplo terrible de Venezuela que sigue deslizándose hacia el precipicio fiscal, social y político, pero todavía tiene seguidores que, por el poco beneficio que puedan estar recibiendo de ese régimen, siguen aplaudiendo, siguen yendo a las reuniones multitudinarias, siguen sonriendo ante tanta muerte, tanto descalabro, tanta falta de libertad –porque existe una libertad real y una libertad ficticia, imaginaria, acomodaticia que responde a intereses creados y a una doble moral- que es la que reina en Venezuela y Cuba.

Y sigue diciendo Quevedo en su carta:

"Los periodistas conocieron la hoja penal de Fidel, su participación en el Bogotazo comunista, el asesinato de Manolo Castro, y su conducta gansteril en la Universidad de la Habana; pedíamos una amnistía para él y sus cómplices en el asalto al cuartel Moncada, cuando se encontraba en prisión. Fue culpable el Congreso que aprobó le Ley de Amnistía".

Verdad absoluta esas frases, verdad que espeluzna porque evidencia la maldad o la insensatez de los trabajadores de eso que se ha dado por llamar "El Cuatro Poder del Estado", porque los periodistas, o son unos asalariados que viven de la noticia vana y sensacionalista o son los que deben ser, trabajadores imprescindibles para denunciar los actos y omisiones de aquellos que fueron elegidos para encausar las fuerzas del país y hacerlo más feliz con su trabajo y dedicación por el tiempo que le permita la constitución.

El concepto de estar "políticamente correctos" nos hace olvidarnos muchas veces, de que cuando existe un mal probable, la misión de los que gobiernan es evitarlo, porque ellos no están allí para formar parte de un club de señoritos holgazanes y vanos, o impulsar causas o consignas caprichosas sin el debido estudio, sino para preservar la paz y la felicidad del pueblo mediante el trabajo arduo y concienzudo.

Y continúa la carta:

..."Y los comentaristas de radio y de televisión que lo colmaron de elogios. La chusma que le aplaudió delirantemente en las galerías del Congreso de la Republica".

José Pardo Llada y Luis Conte Agüero fueron irresponsables o cayeron en la clasificación de "tontos útiles" bajo el genio malévolo de Fidel Castro. Después pagaron con el exilio su culpa personal, pero el mal que le hicieron a la patria en aquel tiempo –aunque después se hayan opuesto y combatido el castrismo, como ha hecho el ilustre Luis Conte Agüero- no se puede medir, y fue una tacha enorme a su talento y posterior dedicación a la causa de la libertad de uno de ellos, Conte Agüero, porque Pardo Llada se mantuvo alejado en Colombia, viviendo su vida.

…"Bohemia no era más que un eco de la calle. Aquella calle contaminada por el odio que aplaudió "los veinte mil muertos", invención diabólica del diplomático Enriquito de la Osa, que sabía que Bohemia era un eco de la calle, pero también la calle se hacía eco de lo que publicaba Bohemia."

No hubo 20,000 muertos en la contienda por el poder en Cuba. Esa cifra la han citado algunos papagayos o mal intencionados. La cifra más cercana a la verdad está en el libro "Cuba: Mártires, Víctimas y Victimarios", del coronel Esteban Beruvides, -págs. 350-367- que demuestra con nombres y apellidos que fueron unas 500 personas las que murieron antes y durante la guerra llevada a cabo por Castro.

Y continuamos leyendo:

"Fueron culpables los millonarios que llenaron de dinero a Fidel para que derribara al régimen. Los miles de traidores que se vendieron al barbudo criminal. Y los que se ocuparon más del contrabando y del robo que de las acciones militares en la Sierra Maestra".

Estas acusaciones de Quevedo son muy severas y muy verídicas. El golpe de Estado del 10 de marzo fue aceptado muy pasivamente por el pueblo, que debió, en demostración de civismo y honradez, declarar una huelga general para que el usurpador no pudiera afianzarse en el Gobierno; y Carlos Prío Socarrás, más tarde, -para tratar de combatir a quien lo sacó como basura del poder-, vendió su alma al diablo y apoyó con $50,000 dólares a Fidel Castro, que

175

sería luego cien veces peor que Batista, y no por unos pocos años sino por 57 y contando... Prío también pareció haber sufrido el "mudo y pertinaz testigo" porque años más tarde emuló a Quevedo y se suicidó también aquí en Miami.

..."Fueron culpables los curas de sotana roja que mandaban a los jóvenes para la Sierra Maestra a servir a Castro y sus guerrilleros. Y el clero, oficialmente, que respalda a la Revolución comunista con aquellas pastorales encendidas, conminando al Gobierno a entregar el poder".

Enrique Pérez Serantes, arzobispo de Santiago de Cuba, salvó a Castro de una posible muerte en manos de los militares de Batista. Los curas católicos, en su afán de estar con el que parecía que iba a ser el gobernante futuro en Cuba, y según Quevedo "mandaban a los jóvenes para la Sierra a servir a Castro. Castro usó a esos curas, pero cuando le estorbaron, un par de años más tarde, los echó de Cuba sin ningún miramiento ni consideración. Los monstruos no perdonan: Castro ha demostrado ser un monstruo, pero la Iglesia católica, personificada en el cardenal Alamino, se empecina en ser sumisa, en cooperar con el régimen, en algunos casos para que el régimen no los acose, como si la dignidad estuviese primero examinando el beneficio, y después el deber.

..."Fue culpable Estados Unidos de América, que se incautó de las armas destinadas a las Fuerzas Armadas de Cuba en su lucha contra los 'guerrilleros. Y fue culpable el State Department, que apoyo la conjura internacional dirigida por los comunistas para adueñarse de Cuba".

Estados Unidos también pecó de incauto, porque su Agencia Central de inteligencia (CIA) debía, para asesorar bien al presidente, tener la ficha policíaca de Castro y analizarla, y decidir que un personaje así no era conveniente para la seguridad de su país ni para la democracia en Cuba; pero fallaron entonces como han fallado los últimos 11 presidentes, después de aquel, en cortar este virus mortal de la faz de América. Tienen al régimen cubano clasificado de "terrorista" (y en verdad lo es), pero a la vez dicen "que no representa riesgos para la seguridad nacional de Estados Unidos" ¡No representa riesgos y tuvo misiles nucleares a 90 millas de sus costas!, y "el perro huevero, aunque le quemen el hocico…"

"Fueron culpables Gobierno y la oposición, cuando el Diálogo Cívico, por no ceder a llegar a un acuerdo decoroso, pacifico y patriótico. Y los infiltrados por Fidel Castro en aquella gestión, para sabotearla y hacerla fracasar, como lo hicieron".

Es que, como dijo Francisco Ichaso: los cubanos somos un pueblo desconcertante. Amamos la democracia, la soberanía, la libertad, y sin embargo, hemos actuado como si todo eso nos importase un comino". Nos pasó en el 52, nos pasó en el 61; y nos sigue pasando en el 2016. En nuestro exilio lo que parece valer más es salir en la tele, y ser el presidente de una organización. La Patria viene después, pero nunca antes. Si no ¿cómo se explica el que no nos hayamos unido en un frente común para ser realmente efectivos contra Castro? ¿Cómo se explica que en Cuba donde la oposición recibe palos, es encarcelada, que es vilipendiada, que sufre el ostracismo, tampoco se una?

… "Fueron culpables los políticos abstencionistas, que cerraron las puertas a todos los cambios electoralistas. Y los periódicos que, como Bohemia, le hicieron el juego a los abstencionistas, negándose a publicar nada relacionado con aquellas elecciones. Todos fuimos culpables. Todos. Por

177

acción u omisión. Viejos y jóvenes. Ricos y pobres. Blancos y negros. Honrados y ladrones. Virtuosos y pecadores.

Cuando unas pocas palabras dicen toda la verdad, el comentario sobre ellas se hace vano, innecesario, petulante. Aunque hay que estar claros y saber que si defendemos a los pobres es porque están abajo, fuera de ese "vaho venenoso -a que hiciera referencia Martí- del poder, de la abundancia que incita a alejarse de las virtudes, porque erróneamente nos acostumbramos a pensar que el dinero lo compra todo, cuando en realidad el dinero solo compra las cosas que menos valen.

"Muero asqueado. Solo. Proscrito. Desterrado. Traicionado y abandonado por amigos a quienes brindé generosamente mi apoyo moral y económico en días muy difíciles. Como Rómulo Betancurt, Figueres, Muñoz Marín. -Los titanes de esa "Izquierda Democrática" que tan poco tiene de "democrática" y si de "izquierda". Todos, deshumanizados y fríos, me abandonaron en la celda". Cuando se convencieron que yo era anticomunista, me demostraron que eran antiquevedistas. Son los presuntos fundadores del tercer mundo. El mundo de Mao Tse Tung".

¡Qué dolorosa experiencia la de Miguel Ángel Quevedo, el virtuoso director de Bohemia! Él no pudo resistir esa sensación terrible. Martí la sufrió también; la estaba sintiendo cuando le escribió a Ismaelillo: "Asqueado de todo me refugio en ti". Tal vez Quevedo no tenía a nadie en quien refugiarse. Tenía sus esperanzas cifradas en gobernantes que parecían ser titanes, pero que no eran sino "hombres con un poco más de talento o un poco más de energía y que la usaron para hacer un poco de bien, pero no pasaron de eso. Por esa misma razón la Biblia dice: "Maldito es el hombre que cree en otro hombre".

"Ojalá mi muerte sea fecunda. Y obligue a la meditación, para que los que pueden, aprendan la lección".

Ese fue el último deseo de un hombre honrado que parece que no sabía que los pueblos nunca aprenderán la lección, porque los pueblos, como los ríos, son siempre los mismos ríos, pero siempre con diferentes aguas. La historia enseña "hechos" pero no puede infundir sensaciones o sentimientos, y por eso los hombres siguen tropezando con la misma piedra, porque lo que les importa no es la verdad, sino lo que se percibe como verdad. Y lo que a la mayoría importa no es lo bueno, si no lo que les sacia el hambre o les da confort físico o los encumbra y le da poder. "Miedo y deseo de poder", he ahí las dos fuerzas que mueven al mundo.

…"Y los periódicos y los periodistas, no vuelvan a decir jamás lo que las turbas incultas y desenfrenadas quieran que ellos digan. Para que la prensa no sea más un eco de la calle, sino un faro de orientación para esa propia calle".

"Eso, eso, eso" -como decía Chespirito, el personaje cómico de la televisión mexicana-. Eso es lo que podría salvar al mundo, pero es lo que no va a suceder, porque no abundan los periodistas que hacen de su oficio una misión salvadora. Una buena parte de ellos están ahí como estarían empinando chiringas, si les fuera más cómodo o más lucrativo. O para impulsar sus ideas. O para subir "el rating" que trae consigo la fama y el dinero.

…"Para que los millonarios no den más sus dineros a quienes después les despojan de todo. Para que los anunciantes no llenen de poderío con sus anuncios a publicaciones tendenciosas, sembradas de odio y de infamia, capaces de destruir hasta la integridad física y moral de una nación, o de un destierro.

¡Pues los Fanjul, a quienes Castro les quitó muchas de sus riquezas, están viendo cómo vuelven a invertir en Cuba...! Nada, que la codicia es audaz, porque piensa que "el que no se arriesga no pasa la mar", aunque más que audaz, la codicia es descarada y piensa que el dinero, como el agua, es "inodoro, incoloro e insaboro". Quien se hace adicto al dinero sufre los mismos síntomas que los adictos a la droga, y como ellos andan persiguiendo el éxtasis del acumulamiento, más que la necesidad de él o de su uso.

…"Y para que el pueblo recapacite y repudie a esos voceros del odio, cuyas frutas hemos visto que no podían ser más amargas. Fuimos un pueblo cegado por el odio. Y todos éramos víctimas de esa ceguera. Nuestros pecados pesaron más que nuestras virtudes".

El ser humano es totalmente impredecible. Eso nos lo demuestra la presente situación del Oriente Medio, donde se están cometiendo los más atroces crímenes, y donde miles de jóvenes dejando la seguridad y el confort de sus familias, van a unirse a un ejército de bárbaros que lo único que pueden ofrecerle es la oportunidad de matar impunemente (según piensan). ¡Matar! ¿Cómo se explica eso? Para mí, la única explicación posible es que la familia donde crecieron y la sociedad a la que pertenecen, no han sido capaces de trasmitirles la noción del bien y la necesidad de la convivencia civilizada donde cada persona se ejerza a sí misma sin menoscabo de los demás. Y estos jóvenes van acumulando un resentimiento hacia todo: familia, sociedad y patria, y el resentimiento acumulado tiene que naturalmente buscar salida o la persona estallaría. Y esa parece ser la única razón lógica. Eso, o refugiarse en la locura, en el vicio, en la prostitución, en el robo y en todo delito imaginable para usar así la energía síquica con la cual la creación les dotó, y la cual necesita expresarse de alguna manera.

…"Nos olvidamos de Núñez de Arce, cuando dijo: "Cuando un pueblo olvida sus virtudes, lleva en sus propios vicios su tirano"

"…Y les dije a todos mis compatriotas que yo perdono con los brazos en cruz sobre mi pecho, para que me perdonen todo el mal que yo he hecho.

¡Es que las gentes parecen percatarse de lo que no debieron hacer, después del acto, y sobre todo, después de sufrir las consecuencias! ¡Cuántos crímenes pudieran haberse evitado si se hubiese meditado siquiera un poco en el dolor que engendran y no habernos dejado llevar por el placer que nos producen en el momento, o la necesidad real de cometerlos! Porque la inmensa mayoría del mal que hacemos, no llega por casualidad o descuido, sino por venganza, o por conseguir fama, poder o dinero, sin darle la importancia que tiene a ese final en donde todos tenemos que enfrentarnos, inexorablemente, con nosotros mismos y aceptar, sin reclamos, la sentencia de Gaspar Núñez de arce:

"Conciencia nunca dormida
Mudo y pertinaz testigo
Que no dejas sin castigo
Ningún crimen en la vida
La ley calla, el mundo olvida
Más ¿quién sacude tu yugo?
Si al Sumo Hacedor, le plugo
Que a solas con el pecado,
Fueras tú para el culpado
Delator, juez y verdugo".

Por Dr. Virgilio Beato y Núñez.

(Enero 2005)

Nació en la ciudad de Matanzas, Cuba, el 20 de diciembre de 1916. Estudió Bachillerato en el instituto de Matanzas. Allí fue alumno eminente de su año. En el año 1937 ingresó en la Escuela de Medicina y se graduó en 1943. Ha sido médico toda su vida. A sus 89 años de edad sigue practicando su profesión. Ocupó en Cuba cargos importantes. Siempre se dedicó a la enseñanza y a la práctica de la Medicina. Fue profesor de medicina de la Universidad de La Habana Llegó, en l961 a San Antonio, Texas; y después en Miami donde ha continuado la enseñanza y la práctica de la medicina. Y, por supuesto, unido a todas las actividades médicas que ha podido desarrollar, nunca se ha apartado de la cuestión cubana.

En el momento actual es el coordinador del Diálogo Nacional Cubano para el grupo que creó el Plan Varela.

¿Qué cómo veo la transición en Cuba? La primera consideración al cambio de la situación actual de una tiranía totalitaria, a una república liberal democrática, es que hay que diferenciar entre lo que uno "quisiera" versus lo que uno ve como más probable. Si usted me pregunta cuál serían mis deseos de la Cuba futura, diría que quisiera que una ola revolucionaria barriera totalmente con el sistema actual y sus responsables, para dar lugar al inicio de una república

182

democrática; pero ¿es esto probable? Creo que no; y ¿por qué no? Pues porque la historia muestra que los regímenes totalitarios marxistas-leninistas no desaparecen por rebelión interna, desaparecen por implosión; todos los regímenes de la Europa Oriental: La Unión Soviética, Alemania del Este, Polonia, Hungría, Checoslovaquia, Bulgaria, Albania, Rumanía... todos salvo el caso de Rumanía, desaparecieron cuando los individuos que fueron comunistas en una época, que fueron adoctrinados, pero que se convencieron por los hechos de que el sistema llevaba al fracaso, al estancamiento, a la ruina de la economía y a quedarse atrás en el desarrollo de las naciones, aquellos individuos, por supuesto, ya estaban convencidos de que el régimen había fracasado y había que cambiarlo, se mantuvieron prudentemente silenciosos muchos años por temor a la represión de esos regímenes que, no admiten disidencia, ni admiten ningún cambio, porque están convencidos que los regímenes totalitarios marxistas-leninistas no pueden cambiar, no pueden reformarse, porque el cambio, la reforma representa la muerte del sistema.

Donde la libertad se cuele por la rendija más pequeña de una reforma, allí termina el régimen. Entonces, cuando esos individuos que ya estaban convencidos del fracaso del sistema, que había que cambiarlo y modificarlo, tomaron el poder, ya entonces sin temor, puesto que ellos tenían todos los controles de poder, comenzaron el cambio, y ahí vino el glasnost y la perestroika, donde el señor Gorbachov y el señor Yeltsin prácticamente derrumbaron todo el Bloque Socialista.

Cuando se vio que ya no había represión, entonces comenzaron a surgir por los movimientos de liberación. Se cita mucho, por ejemplo, el caso de Rumanía. En Rumanía, efectivamente hubo un movimiento de rebeldía que arrasó, y por supuesto, acabaron por ejecutar a Nicolae Ceauşescu y a los principales líderes del poder.

Eso sucedió cuando ya se sabía que no había una represión posible; cuando ya la Unión Soviética estaba del lado de la reforma, del cambio; donde ya Checoslovaquia primero, y Hungría después, habían cambiado.

Entre los países totalitarios marxistas-leninistas de la Europa Oriental, no es la figura del líder o del jefe el sistema lo que es común; luego, si en todos esos países, salvo uno, el cambio vino de adentro, por implosión, lo más probable es que en Cuba también venga de adentro por implosión.

Lamentablemente la realidad parece indicar que en Cuba no va a haber cambio mientras Fidel Castro esté vivo; la razón es que el sistema totalitario policíaco, el terror implantado impide todo lo que sea una conspiración.

En cualquiera de los regímenes tiránicos, dictatoriales, estilo latinoamericano, han emitido leyes que permiten áreas de libertad que usted puede reunirse y conspirar; usted puede comprar armas; usted tiene la libertad de acción. Pero en un régimen totalitario todo el mundo está vigilado, nadie confía en nadie, ni en sus propios familiares.

Los hechos demostraron en todos los países europeos, cuando se empezaron a analizar los libros de las fuerzas represivas, que prácticamente hubo que ocultarlos, de lo contrario no habría podido haber convivencia humana, porque se veían las miserias humanas donde esposos denunciando esposas, padres denunciando a hijos, hijos denunciando a padres, amigos denunciando amigos. Por eso la Stassi prohibió que se leyera en Alemania; si se hubiera conocido toda aquella miseria humana había sido imposible la convivencia entre los alemanes.

Entonces ese sistema, por supuesto, es imposible como decía, la conspiración en los momentos más difíciles. Por ejemplo, la dictadura del presidente Machado, que hoy la vemos desde un punto de vista distinto al de aquella época, existían oasis, existían templos donde usted podía guarecerse, ocultarse, cualquier persona lo ayudaba.

Hoy en día en Cuba, no hay nadie que se atreva a darle a alberge a Ud. en su casa, pues en su casa vive alguien que va a denunciar ese hecho, y entonces Ud. va a ir a prisión por muchos años por haber ocultado a un individuo a quien el Gobierno supone enemigo del régimen.

Entonces, todas esas consideraciones me llevan a pensar que hasta que Fidel Castro no desaparezca no va a haber la posibilidad de cambio.

Alguien puede preguntar: bueno, pero si Fidel Castro desaparece, ¿qué diferencia hay? El régimen, el sistema va a persistir. Pero la diferencia es grande, porque Fidel Castro representa hoy en día una figura carismática que casi todo el mundo en Cuba teme y obedece.

Cuando Fidel Castro no exista, va a haber, a mi juicio, una transición, o una sucesión transitoria a la constitución actual vigente en Cuba, a la llamada "Constitución Socialista", que todos queremos que desaparezca. El que va a sustituir a Fidel Castro, el vice de todo, que es malo, Raúl Castro, no tiene las características personales que tiene Fidel, ni carisma ni el respeto que el pueblo de Cuba ha aprendido por adoctrinamiento a otorgar a Fidel Castro. Al principio, por egoísmo personal, todos los elementos dirigidos van a apoyar a Raúl Castro, por autodefensa ante la incertidumbre de qué va a suceder. Entonces, por supuesto, tienen que respaldar, para que no haya ningún cambio abrupto que pueda barrer con ellos.

El pueblo no va a poder levantarse, porque el sistema como tal queda exactamente vigente; no hay vacío de poder. En la época, del presidente Machado, por ejemplo, o la época del presidente Batista, hubo un vacío de poder; ambos salieron del país; el país se quedó sin ningún Gobierno; las Fuerzas Armadas estaban totalmente desmoralizadas, el pueblo se salió a la calle y sucedieron todas aquellas cosas; pero en este otro caso no es así: Todo sigue exactamente igual, la fuerza represiva, el MININT, las Brigadas de Acción Rápida, El consejo de Estado, El Partido Comunista, todo va a seguir exactamente igual; lo único que cambió fue la figura central de Fidel a Raúl Castro; es más, estoy seguro de que la noticia del fallecimiento de Fidel Castro no se va a conocer en el mundo, y menos en Cuba, sino muchas horas después, probablemente dos o tres días después cuando ya esté todo previamente planeado; cuando eso suceda o se dé a conocer por la radio y la televisión en Cuba, el disidente que quiera ir a la calle no va a poder salir de su casa, porque va a tener dos o tres personas de la Seguridad del Estado diciéndole "usted no puede salir de aquí hasta que no pase una semana, porque esas son las ordenes que tenemos".

Estará prohibido formar grupos en la calle de varias personas, y preparan un funeral donde, estoy seguro, estarán presentes millones de personas que van a ser llevadas, y por temor todo el mundo va a acudir a aquello, pero como siempre digo: durante el velorio comienza la conspiración, ¿entre quienes? Entre la nueva generación que muchos de ellos hoy en día ocupan el poder en Cuba, pero que están convencidos aún después de haber sido adoctrinados por muchos años, de que lo que le enseñaron fue una total falsedad, que el mundo ha cambiado, que la Unión Soviética ya no existe, que están en presencia de un mundo unipolar donde Estados Unidos es la gran potencia, la única capaz de ayudar a salir de la miseria y del fracaso económico a un país tan vecino como lo es Cuba.

Esos son los que van a conspirar para tomar el poder y dar el cambio de un régimen totalitario marxista leninista -con la economía totalmente centralizada y dirigida- a una democracia abierta con la economía democrática.

Y cuando ese grupo tome el poder va a pedir ayuda a los E.U. que con mucho gusto, estoy seguro, se la van a brindar y le van a dar toda la cooperación.

¿Quiénes formarán ese grupo? No lo sabemos; como nadie supo después del 4 de septiembre que un sargento llamado Fulgencio Batista llegaría a ser la figura dominante por muchos años en el país.

Así será con personas con apellidos comunes totalmente desconocidos, pero que están en el momento actual puestos, que si no son del primer plano, son del segundo, y que por egoísmo natural, por saber que son jóvenes, no van a condenar el resto de su vida montado en un carro que ellos saben que va definitivamente al despeñadero, tienen que saltar, y saltar a tiempo para no verse envueltos en ese torbellino revolucionario.

Por eso digo el papel tan importante que tiene la sociedad civil en Cuba. Mientras mayor sea el número de influencia de esa sociedad civil que llega a constituir una fuerza de cambio en Cuba, que está ahí presente, que puede ser utilizada por aquellos que quieran el cambio, más fácil será el cambio. En otras palabras, si de aquí al fallecimiento de Fidel Castro o cuando Castro desaparezca en una u otra forma, esa sociedad civil ya en el momento actual va pasando de la etapa embrionaria, es decir, que está en una etapa infantil, está integrada por disidentes y opositores, en el caso es lo mismo ser disidente que ser opositor, porque ambos quieren lo mismo, un cambio total del régimen.

Aquí, en Miami, se discute mucho todavía, -una discusión totalmente bizantina- la diferencia entre el disidente y el opositor. Todo el mundo en Cuba es un disidente, porque todo el mundo en Cuba que nació en el régimen fue educado y doctrinado con el comunismo y si ocupó un cargo y tuvo cualquier solución burocrática de Gobierno tiene que haber, por lo menos, simulado la adición al régimen, de lo contrario no hubiera podido progresar, no hubiera podido graduarse universitariamente.

En Cuba no todo el mundo es un disidente, pero quieren lo mismo, son una fuerza nueva, una juventud que quiere el cambio, que quiere barrer totalmente con el sistema este para volver al democrático. Y cuando esa gente sepa que en Cuba hay una fuerza -que es la de la sociedad civil, que para entonces ya tiene influencia, aunque hoy está considerada impotente- esa juventud puede lograr apoderarse del poder en Cuba y dar totalmente al traste con el sistema…

Esa es, a mi juicio, la forma más probable, que existe de efectuar un cambio en la isla, teniendo en cuenta las características del régimen.

Eso sería lo mismo que he dicho, pero variando el protagonista en la hipótesis. La generación que ocupa el poder silente en el momento actual -en este caso el protagonista sería Raúl Castro- que podría decir "vamos a cambiar todo esto, ayúdeme para hacerlo", eso es posible, pero va a tener dificultades por lo menos con el presente Gobierno norteamericano. Si usted lee, por ejemplo, el informe del Comité de Asistencia para una Cuba Libre, dice específicamente que nunca habrá un arreglo ni con Fidel Castro ni con Raúl Castro.

Estados Unidos puede apoyar a los elementos que en Cuba traten de hacer el cambio hacia una democracia, pero específicamente se niegan a coadyuvar o a cooperar ni con Fidel Castro ni con Raúl en un cambio.

Claro, eso es el Gobierno actual aquí, dentro de cuatro años a lo mejor hay otro Gobierno que piensa distinto y no se siente atado a esa resolución; pero en el orden de las posibilidades, creo que es posible; depende el año en que suceda. En estos años creo que va a ser difícil, porque ahí está escrito y hasta cierto punto es un compromiso público que se adquirió. Cuando este Gobierno cambie y esté otro que ya no ha tenido este compromiso, pues será mucho más fácil por supuesto aceptarlo.

Puede haber dos cosas, primera: que Raúl Castro tome el poder y por supuesto quiera mantener el régimen; va a haber protestas, los disidentes van a actuar y va a haber represión; pero también puede ser que venga el golpe para siempre, en otras palabras: esa misma juventud ve, por ejemplo, que Raúl Castro, luego de desaparecer de la escena primaria trata de mantenerse y utilizar la represión como elemento para quedarse, puede ser que responda contra él y de un golpe lo destituya.

Cuando murió Stalin, por ejemplo, se pusieron de acuerdo, y Malenkov fue el nuevo secretario del Partido Comunista, por supuesto el jefe de todos, pero unos cuantos meses después khrushchev le dio un golpe y sacó a Malenkov, y se quedó él. En otras palabras: puede haber dentro de la cúpula gobernante un cambio de poder sin que exista, por supuesto derramamiento de sangre, como sucedió en la Unión Soviética.

Ese es otro escenario que puede presentarse, pero el escenario más probable, a mi juicio, es el levantamiento popular, que aunque todos lo desearíamos, va a ser difícil por la naturaleza del régimen. Y los hechos históricos han demostrado que salvo un país, el cambio de régimen fue en esa forma. Fíjese que inicialmente Gorbashov introdujo la perestroika y el glasnot, y después él también desapareció sin que hubiera derramamiento de sangre allí. Eso puede pasar en Cuba: que Raúl Castro quiera mantenerse aumentando la represión, puede pasar eso. Ahora, otra cosa es, y por supuesto sería mucho más difícil de pensar que sea así: que Raúl Castro tome el poder y abjure de su lealtad a su hermano. Cuando Khrushchev tomó posesión denunció públicamente, en el Vigésimo Congreso del Partido Comunista de la Unión Soviética, a Stalin, que al principio pareció como que eso era una maniobra de la CIA, que era una invención, que eso no existía, hasta que el propio Khrushchev les entregó a los periodistas el texto de su discurso. ¡Khrushchev denunciando a Stalin en la Unión Soviética, eso parecía imposible!

Bueno, a lo mejor Raúl Castro denuncia a Fidel Castro, diciendo que fue un error que hicieron y que había que subsanar ese error; y que él está dispuesto a llevar al país a un cambio hacia la democracia. Vamos a ver entonces qué dicen los Estados Unidos frente a eso. Pero pensar que Raúl Castro va a denunciar a Fidel Castro y tratar de enmendar lo que Fidel Castro hizo, parece un poquito hipotético e imaginativo. Siempre le recuerdo a la gente, -cuando oigo que tienen un poquito de fantasía de creer que van a invadir Cuba, de que están conspirando, de que tienen gente infiltrada en Cuba; que es tan frecuente oírlo aquí- miren señores, si Ud. no puede lo que quiere, al menos quiera lo que pueda. En otras palabras: si no puedo invadir Cuba con un ejército, bueno, pues déjame querer algunas otras medidas que puedan dañar al régimen, que lo puedan ir debilitando, para que sea más fácil el cambio cuando la oportunidad llegue.

Creo que lo del "Diálogo Nacional" tiene una importancia que también tuvo el Proyecto Valera; todo el mundo sabía que el Proyecto Varela no iba a ser aceptado, porque el señor Fidel Castro no tiene vocación suicida. ¿Cómo Ud. le va a pedir a un régimen totalitario, marxista leninista, que apruebe leyes que garantizan la libertad de expresión, la libertad de asociación, la libre de empresa y un nuevo código electoral? Eso es pedirle que se suicide, porque un régimen totalitario no puede permitir, de ninguna manera, esa libertad. La prueba es que en Cuba todos los medios de información: Los periódicos, las imprentas, la radio, la televisión…todo está en mano del Gobierno.

Entonces ¿para qué servía esa teoría? Bueno, para lo que sirvió; para que 25 mil cubanos salieran de donde estaban escondidos por temor y dijeran: "Soy un opositor" -puesto que al firmar el proyecto Varela dando su nombre, dirección, su teléfono el número de su cédula personal ya se han declarado opositores- la prueba es que entre los 75 cubanos que fueron presos recientemente las dos terceras partes eran firmantes del proyecto Varela, para movilizar al cubano invitarlo a que fuera perdiendo el miedo, que se pararan en la calle y expresaran: yo no estoy de acuerdo, yo quiero un cambio, voy a firmar esto que en definitiva está pidiendo un cambio. El Dialogo Nacional es igual; más extenso todavía; no ya para pedir derechos. En este diálogo se van a pedir las transiciones, que cada cubano diga qué es lo que quiere, cómo vislumbra, cómo desea, cuál es su esperanza de la Cuba de mañana.

Cuando usted empiece a oír opiniones y que entonces escuche que se está hablando de política en un país donde está prohibido totalmente hablar de política. Como digo: imagínese que en el parque central de La Habana grupos de cubanos en vez de estar hablando de la serie mundial o de los jóvenes del futbol norteamericano o de los juegos de beisbol en Cuba, estuvieran hablando del cambio que debe de haber en Cuba, eso es totalmente subversivo. Es más importante que poner una bomba, porque si ahora fueron 23 mil personas si a través de un dialogo nacional donde se invitan a todos los cubanos dentro y fuera de Cuba para que se expresen libremente, qué es lo que quieren, y entre ellos se habla de transformar totalmente el Gobierno de Cuba, la desaparición del Consejo de Estado, del Presidente y Vicepresidente, las Asambleas Populares Nacionales, Provinciales y Municipales, la desaparición del Partido Comunista…¿Comprenden ustedes lo que en Cuba representa que se esté discutiendo la desaparición de esa estructura, aunque solo sea el hecho de discutirlo, aunque no se logre?

Ya eso es invitar a crear una masa de resistencia, una crítica que es tan importante que se cree en Cuba para que constituya la fuerza de cambio que pueda ser utilizada por los individuos que están en el Gobierno y quieran hacer el cambio, que son jóvenes que, ni fueron a la Sierra Maestra, ni mataron a nadie, ni fusilaron a nadie ni hicieron ninguna fechoría, pero que están preocupados sobre qué cosa va a pasar con ellos.

Pero ese proyecto no va a ser de ninguna manera aceptado por el Gobierno, porque no puede aceptarlo, porque aceptarlo sería la destrucción, la desaparición del régimen; pero no importa, es una invitación a que los cubanos digan "yo no estoy satisfecho y quiero un cambio" y si eso lo dice un millón, no hay sistema que pueda resistirlo.

Pero las diferencias que crea el protagonismo que existe allá, igual que existe aquí, aunque todos quieren un cambio de régimen, y todos los disidentes se quieren representar como si fuesen militantes de una solución, las diferencias del pensamiento, del concepto de cómo hacerlo, crea una diferencia de enfoque y una diferencia de estrategia. Cada vez que al señor Biscet, por quien tengo un gran respeto, le preguntan, el dice que él quiere un tránsito pacífico, no violento.

¿Qué es lo que está haciendo Martha Beatriz Roque Cabello? Invitando a una reunión, la llamada Asamblea de la Sociedad Civil, esa es una cosa cívica, eso es un reto cívico no violento, todos ellos dicen: "No existe ningún disidente, opositor en Cuba que esté hablando de Revolución", y es lógico aceptarlo, porque usted no puede hablar de Revolución y de rebeldía militar armada, porque va a la cárcel por el resto de su vida; entonces usted tiene que decir soy un disidente, pero no conspiro; lo que estoy diciendo lo digo públicamente, pues lo que quiero es un cambio de este régimen, porque quiero que Cuba vuelva a ser un país democrático. Dicho así no está conspirando.

Por esa maldición que tiene el cubano del protagonismo, por ejemplo, este proyecto de Dialogo Nacional que es el que le sigue al proyecto Varela, se inició en el año 2003. O sea, lleva ya un año en proyección ¿qué sería lo lógico? Que el resto de los grupos disidentes-opositores hicieran causa común frente a un proyecto que en definitiva no es más que una estrategia para lograr una movilización en Cuba que debilite al Gobierno. Sin embargo, no existe esa unión.

Ahora, esto que van a hacer en mayo, la reunión de la Asamblea de la Sociedad Civil, va a hacer exactamente lo mismo: pedir un cambio. ¡Eso lo está pidiendo Oswaldo Payá hace más de un año! Entonces ¿por qué no se unen?

Recuerdo que una vez le preguntaron a July Hernández, -que es el representante del movimiento Cristiano Liberación en Miami- que si Payá iba a apoyar al Proyecto de Marta Beatriz; y él respondió: le voy a contestar esto después que usted le pregunte a Marta Beatriz por qué ella no apoya al proyecto de Payá.

Bien, en definitiva todo esto está dado como una estrategia para reblandecer al régimen, para debilitarlo, para lograr un cambio; es una forma de llamado a los Gorbachov y a los Yeltsin que están ocultos en el sistema puesto que usted le está brindando a ellos la oportunidad de reivindicarse. Ellos son jóvenes de 25 o 30 años, tienen 30, 40, 50 años de vida política en el país, y saben que para qué ellos van a unir su suerte a un señor de 78 años que se ve que está declinando, medio enfermo, que no va a vivir muchos años más.

Ellos dirán egoístamente: Bueno, cuando estos señores desaparezcan ¿qué va a ser de nosotros? Nosotros que no estamos ya de acuerdo con este sistema, que queremos sinceramente que haya un cambio y que vuelva la democracia; yo tengo que unirme a estas nuevas fuerzas de la sociedad civil que va surgiendo, y es la que en definitiva va a gobernar en Cuba el día de mañana. Esa es una invitación a la deserción de esos individuos que van a ser muy útiles en un cambio, pero eso hay que verlo en esa forma, no como a veces oigo aquí: "Lo que hay que hacer es matar tantos miles de personas en Cuba. ¡Señores! cuando usted esté en Cuba, haga justicia; no amenace desde ahora, porque si usted amenaza desde ahora, lo único que puede lograr como respuesta es que se unan más allá para resistir. Invítenlos a que deserten de ese régimen nefasto y se unan a los que quieren libertad. Pero desgraciadamente, eso no se entiende aquí.

Dudo mucho que la reunión de Mayo, de la Sociedad Civil en Cuba, pueda realizarse, conociendo la naturaleza del régimen. Ojala se realice. Voy a apoyar para que se realice, pero va a ser muy difícil que ese proyecto se materialice. ¿Por qué? Porque Fidel Castro sabe que no puede perder la calle. Eso todos los partidos comunistas del mundo saben que la calle es fundamental para el mantenimiento del régimen. Ellos no pueden permitir que en la calle se reúnan las gentes para cuestionar su poder.

Es posible que encarcelen a muchos de los militantes más connotados. Pero en definitiva hay un silencio en todo eso. Tienen que buscar un local donde reunirse, ese local va a estar cerrado… no se pueden reunir.

En la Unión Soviética se murieron de hambre millones de personas por la naturaleza diabólica del sistema, y no pasó nada. Millones estaban en contra del sistema, pero eran sólo individuos, no lograban otra cosa que su propio aniquilamiento.

Es más fácil arriesgar la vida atravesando el estrecho de Florida, que enfrentar al sistema, porque allí todo el mundo está vigilado; no hay un general que no esté vigilado, no hay un militar que se atreva a reunirse con otro militar para hacer aunque sea comentarios que desaprueben lo que hace el régimen, porque el que hace el comentario no sabe si el otro va a denunciarlo, y el otro no sabe si este que viene a decirle cosas contra el Gobierno, lo que está haciendo es probando su lealtad, y si él concuerda de que hay problemas, ya eso es confabulación, y termina en una cárcel o fusilado.

LA EDUCACION EN CUBA

Por Silvia Iriondo

Silvia Iriondo nació en La Habana, Cuba, el 26 de enero de 1945, de una familia de seis hermanos, emigraron como refugiados políticos en el 1960. Tenía 15 años de edad e inmediatamente después de llegar, Silvia comenzó a trabajar y no pudo cursar estudios formales porque en ese momento la prioridad más grande era buscar la libertad de Cuba, aquella que se había perdido el 1ro. de enero de 1959

En 1994 a raíz de eventos que nos impactaron enormemente, un grupo de madres y mujeres decidieron aunar esfuerzos y fundaron M.A.R. por Cuba, (Madres Anti Represión en Cuba), una organización que lucha por los derechos y las libertades fundamentales del pueblo cubano, y de la cual se honra ella en presidir

La vida de todo ciudadano cubano está controlada por el dictador Fidel Castro y el régimen totalitario que impera en la isla.

Desde que un niño nace está supeditado de ese control por un sistema que oprime toda la libertad de ese ser humano, por ejemplo, el niño comienza la escuela elemental en Cuba con un expediente escolar que se le abre.

En el expediente escolar, normalmente en países democráticos y civilizados, hay unos reportes que se le hacen mensualmente de la conducta del niño, de su aplicación en asignaturas como en historia, gramática, geografía, lectura... sin embargo, el expediente del niño cubano registra toda la ideología de ese niño, registra la ideología de la familia dentro de la cual se desenvuelve el niño, haciéndose anotaciones desde muy temprano, por ejemplo, cualquier comentario que el niño hace, de cualquier acto que se le invita a participar que más bien es obligatorio y no asiste, si los padres no se han incorporado dentro del Partido. Se averigua no sólo del niño sino de sus padres y de toda su familia.

Esas anotaciones pesan enormemente en la libertad que pueda tener el joven al seguir la enseñanza superior, que está supeditada a esa hoja de evaluaciones, a ese expediente escolar y a esa conformidad dentro de la ideología socialista del partido.

Se anota si el niño pertenece a los pioneritos, que tienen que jurar diariamente con su pañoleta roja "seremos como el Che". ¿Y quién es el Che? Un guerrillero connotado nacional, o sea, ¿qué sucede? que desde muy temprana edad a ese niño se le condiciona a tener que someterse a una serie de obligaciones, y si no se somete, es una tacha que lleva, y que eventualmente puede impedir que ese niño pueda tener acceso a estudios universitarios. Esto es una cuestión normal en la educación en Cuba.

Uno de los mitos más grandes de la Revolución cubana ha sido la educación. La educación es gratis, pero ¿a costa de qué? A costa de la libertad, y la libertad es lo que más vale en el mundo. Entonces para tener educación en Cuba tienes que entregar tu libertad.

Dicen que la educación es gratis, pero ¿es gratis una educación que obliga a separarte de tu familia y a ir a trabajos en el campo, a trabajos forzados en el campo, millas y millas lejos del lugar de residencia de tu familia? ¿Es eso una educación gratis? ¿Es una educación gratis el que dicten qué oficio o carrera uno tiene que estudiar y que te condicionen a tu sometimiento ideológico?

No. eso no es una educación gratis. Esa educación no es libre, y lo mejor que pueda tener una educación es la libertad; es algo que nos da Dios, que nacimos con ello y que nadie no los debe arrebatar.

La juventud cubana si no se incorpora, tampoco tiene derecho a esa educación. O sea, vuelvo a lo del mito. Hablan de dos mitos importantes -para mí son mitos- lo venden como realidades, pero son mitos de la Revolución: la educación y el cuidado de la salud. La educación en Cuba no es libre, desde que el niño nace está controlado, está a merced del Estado, inclusive esa patria potestad no le pertenece a sus padres, le pertenece de cierto modo al Estado.

En Cuba había plena libertad de estudio, había plena libertad para elegir la carrera, plena libertad para incorporarse a un grupo si uno quería, o dejar de incorporarse, si uno no quería; nunca tuvimos este tipo de educación, que más que educación es un adoctrinamiento; es un adoctrinamiento total dentro de la ideología del Partido. Es decir, en la misma constitución comunista del año 76, revisada en el año 92, el artículo 62 de la misma, borra cualquier derecho que pueda tener un ciudadano cubano; y entre ellos también están muy bien definidos que la educación de los niños tiene que ser de acuerdo a esa base socialista. En otras palabras: es un adoctrinamiento político total. Por ejemplo: personas que disienten del régimen, que se expresan libremente, que simplemente escriben algo, o que no están de acuerdo con la política del régimen totalitario en Cuba, sus hijos son totalmente marginados, excluidos de la posibilidad de poder estudiar e ir a grados superiores, o sea, volvemos al acondicionamiento a cierta ideología política, para poder tener una educación. Esto jamás sucedió en Cuba. Esto es solamente uno de los "grandes logros" de la Revolución castrista.

En el documental desarrollado por Luís Guardia y Pedro Corzo, una de las hijas de un cubano que fue fusilado, relata que ella tenía un solo amiguito, y cómo cuando su amiguito se enteró de que su padre había sido fusilado, dejó de tener ese único amiguito en la escuela elemental. ¿Usted se imagina el grado de adoctrinamiento tienen que tener esos niños?
Porque el niño que no está sometido, que no está adoctrinado, es un alma inocente, pura, sincera, un ser humano ingenuo. Un niño no piensa en esas cosas. ¿A qué grado de sometimiento político y adoctrinamiento tienen que estar los niños cubanos cuando a esa temprana edad de seis o siete años, ya cuando esta amiguita le dice que su padre fue fusilado por el régimen castrista, este niño reacciona inmediatamente y se aleja de esa amiga que hasta entonces habían compartido una amistad? Se aleja totalmente y ya ni juega con ella. Ese es "el logro" de Fidel Castro, el adoctrinamiento desde que el niño nace.

Una copia del expediente acumulativo del escolar tiene datos generales, control de la escolaridad, resumen de la etapa escolar, desarrollo, condiciones socioeconómicas, personalidad, educación para el trabajo, educación ideológica, política, y moral, formación vocacional, educación para la defensa, hechos significativos, resumen anual, dirigencias y cierre del expediente.

O sea, es un expediente que trata de asuntos políticos, religiosos y familiares, que deben ser derechos inalienables y privados de todo estudiante. Por ejemplo, hay un grado enorme en la intromisión familiar: se marca en este expediente la integración política e ideológica de cada uno de los padres, información privada que las autoridades le exigen revelar a los familiares del niño.

Por ejemplo, si son creyentes o no, a qué religión pertenecen, todo esto tiene un lugar en el expediente del escolar, en el expediente del niño; la información política de los padres es profunda, a qué organizaciones de Gobierno pertenece, qué posiciones ocupan dentro de ellas. También evalúan el grado de participación que tiene el escolar, las actividades políticas, las opiniones del niño en los temas políticos de Cuba y del extranjero; o sea, de política internacional que el niño expresa, porque a través de la opinión del niño normalmente ellos buscan también la opinión de la casa de sus padres; entonces se detallan méritos en las actividades políticas e ideológicas, si participó en el desfile, y si marchó junto a los pioneritos, si juró que "seremos como el Che"; todo este tipo de cosas se hacen resaltar allí. Creo que Cuba es el único país en que a los niños se le da el día libre de escuela con tal de que vayan a marchar a todas estas marchas y desfiles que Fidel Castro y que la dictadura inventa para protestar cualquier cosa que le venga en ganas, sobre todo para protestar contra "el imperialismo".

Los niños dejan de estudiar ese día; todos tienen que marchar, y el que no marche, eso va al expediente escolar como una persona que no se somete a la política ni a la ideología del sistema.

En el expediente escolar se anotan deformaciones que pueda tener el niño en su ideología política, por ejemplo: en este expediente que tengo, se apunta que "deformaciones ideológicas no se observan en el niño", pero que les ha llegado la información de que los padres intentan salir del país; o sea, todo esto va en el expediente escolar del niño, Hay otras anotaciones que se hacen en este expediente donde dice textualmente que "el niño no participó el trabajo agrícola, pero que había traído un certificado médico de enfermedad". O sea, se anota si el niño va al trabajo agrícola en el campo o no va al campo.

Han habido casos, familias, donde hijos han denunciado a sus padres, a hermanos desde muy temprana edad; una gran tragedia, y es algo cuya causa no es de nadie más que Fidel Castro y su régimen.

Niños que han llegado recientemente a este país, cuentan que por el mero hecho de que sus padres simpatizaban con los derechos humanos, ellos fueron marginados de la escuela.

Creo que es una característica de regímenes totalitarios, es una característica de la naturaleza de Fidel Castro. Sin embargo, Fidel Castro y su régimen, no solo sembraron ese sufrimiento y dolor en la isla de Cuba, a 90 millas de los Estados Unidos; Fidel Castro y su régimen ha sido el mayor responsable de la inestabilidad de nuestro hemisferio y en este momento continúa sembrando esa inestabilidad en muchos de nuestros países hermanos, por ejemplo, Venezuela en este momento, el dictador está envuelto en tratar de hacer otra Cuba de ese hermano país. En El Salvador tiene a su haber tanto sufrimiento y tanta muerte que le fue recordado por el presidente Francisco Flores en la Cumbre de Panamá, donde lo increpó y le dijo que él había sido responsable de la sangre salvadoreña, y no solamente en el Salvador sino en muchos lados.

En Cuba se han entrenado y se han financiado guerrillas que han ido a socavar precisamente la estabilidad de muchos de nuestros países Latinoamericanos y en este momento tenemos que estar muy preocupados con algunos de estos países, sobre todo con el giro que está dando Venezuela como ya dije, que es bien conocido que está sumamente respaldado por Fidel Castro y por el régimen castrista.

O sea, el régimen de Fidel Castro no está al servicio del pueblo, sino es el yugo de ese pueblo. Sin embargo, utiliza estos instrumentos propagandísticos: ofrecer educación gratis a otros pueblos y a personas que necesitan de esa educación en otros países, enviar médicos cubanos a todos estos lugares etc. Dentro de la isla, sin embargo, hay cubanos que no tienen acceso a muchas cosas que Castro pone al servicio de otros países como instrumento de propaganda y para ganar votos en las organizaciones internacionales como la OEA, la ONU, y otros, hasta el punto que siendo Cuba uno de los países que más brutalmente cercena los derechos humanos, lo tratan como si fuera el más benefactor. Un régimen que no se preocupa del bienestar de su pueblo, no debe vender al exterior la idea de que se preocupa del bienestar de otros pueblos.

Esto ocurre por un interés definido de perpetuar su control del poder y de hacer llegar a otros países esa mano larga de Fidel Castro. Porque muchos de estos lugares donde el régimen castrista envía técnicos o envía a algunas de estas personas a otros pueblos la misión primordial es la de adoctrinar a donde ellos van; y tenemos un caso muy obvio en Venezuela.

También parte de la falsedad de que la educación es gratuita, es que tienen que involucrarse en innumerables tipos de labores que son exigidos a los estudiantes en cambio de esa educación, y también se les mide el rendimiento como si fueran un obrero en servicio del Estado.

Entonces, por ejemplo, constantemente en su evaluación de "personalidad" son observados, controlados, y se reporta en este expediente el comportamiento político e ideológico del niño. Es un chequeo constante de la ideología política del niño, por ejemplo, se señala también en otras anotaciones la mala "conducta política". O sea, todo este expediente acumulativo del escolar es increíble, y es expedido por el Ministerio de Educación de la república de Cuba.

Volvamos al punto que hice: ¿es la educación gratis en Cuba? ¿A qué precio el niño se educa en Cuba? Al precio de su libertad, al precio de la libertad de su familia, al precio de su ideología, de su personalidad, de su privacidad, al precio de renunciar a los derechos que son comunes y están garantizados en cualquier país civilizado.

Vemos aquí, por ejemplo, este libro de lectura que tiene algunos años. Este libro es el libro que se usa, o se usaba; a lo mejor ahora han renovado los libros, pero por ejemplo: este libro, de primer grado, tiene varias páginas con lecturas muy interesantes, donde se ve a un miliciano con un fusil; y es increíble que a niños de esa edad se le enseñe estas cosas.

En la página 128 hay una fotografía de un tanque con milicianos -esto es para niños de primer grado- con el texto: "Abril es un mes muy lindo; en abril se abren las flores; abril es el mes de Girón. Una vez en abril, los yanquis nos atacaron, mandaron a mucha gente mala, querían acabar con Cuba libre; el pueblo los derrotó. Fidel dirigió la lucha". ¡Este es un libro de primer grado de educación elemental! y se ve una mano con una ametralladora, del otro lado un tanque de guerra con milicianos arriba.

Tenemos otro ejemplo: en la página 158, hay un retrato enorme de Fidel Castro, observe el material que le dan a los niños para aprender a leer:

"Fidel barbudo llega primero;
Fidel ligero con sus botazas de guerrillero,
así en Oriente o en Vuelta Abajo,
en horas buenas o en horas malas,
en todas partes Fidel presente,
en el trabajo o entre las balas
como si fueran hechos de alas
sus zapatones de combatiente".

Seguimos, y hay muchas otras cosas, pero esto es importante, se ve una foto de los pioneritos con alguien poniéndole la pañoleta al nuevo pionerito y la lectura dice: Hace pocos meses José Adrián, que es pionero, le gustó tanto el acto de ingreso que cuando lo recuerda se emociona. La tarde estaba muy bonita. En el patio de la escuela habían muchos invitados; uno de ellos le puso a José Adrián su pañoleta azul, recuerda muy bien ese momento. El acto terminó cuando todos dijeron a coro: pioneros por el comunismo; seremos como el Che". Esto lo tenemos en la página 181.

Más adelante, en la página 215, se ve a Fidel cargando a un niño, y el libro relata lo siguiente: "Un día Fidel se reunió con un grupo de pioneros y les dijo: "Queremos que nuestros niños sean los más estudiosos, los que mejor se porten; queremos que nuestros niños sean los más felices. Queremos sentirnos siempre orgullosos de los niños". Los niños escucharon con emoción y pensaron que debían ser mejores. Pensamiento de Fidel: el niño que no estudia no es un buen revolucionario. Responden los niños: ¿Cómo quiere Fidel que sean los pioneros?

Hay otras muchas más cosas, pero obviamente esto es increíble, extraordinario, desde un primer grado… O sea, que esto es una un testimonio impactante de la diferencia de una educación libre y la diferencia de una educación politizada y sometida a una ideología comunista.

En la página 84, se ve a un miliciano con un fusil y dice: "El miliciano tiene un fusil; el ama la paz". O sea, estos milicianos que han llevado al paredón a miles y miles de cubanos; y apenas en marzo de este año, a tres jóvenes que intentaron escapar apoderándose de una lancha para llegar a tierras de libertad, los ejecutaron en un paredón de fusilamiento, y son puestos como ejemplo de personas que quieren la paz.

En la página 85, se ve un grupo de milicianos marchando bajo el titulo Desfile Frente a la Plaza Cívica; y dice: La plaza está muy linda, el cielo se ve azul; el pueblo miliciano desfila; miles de pañuelos saludan. Está Fidel; lo vemos feliz. ¡Viva Fidel!

Uno ve esto y se queda estupefacto, no hay más nada que decir, porque esto no es educación, esto es adoctrinamiento, ¡y esto es a lo que el niño está sometido!

Así sucedió con el niño Elián González; fue usado como instrumento político. El Exilio en pleno se levantó a pedir que ese niño pudiese tener un día en corte con todas las partes ante esa corte, para que los mejores intereses de ese niño pudieran ser observados e implementados a través de un fallo judicial. El Exilio hubiese aceptado ese fallo a través de un proceso legal justo que no se dio, pues desde diciembre Fidel Castro comenzó a organizar los desfiles masivos reclamando que le devolvieran a ese niño.

El caso fue totalmente politizado. El Gobierno de la administración Clinton cedió a las presiones y no se llevó a cabo el proceso judicial que debió hacerse, y que anteriormente a estas acciones, se había determinado que el caso tenía que ser escuchado en una corte familiar, con todas las partes presentes, donde los mejores intereses de ese niño fuesen los que primaran.

El problema fue que la mayor parte de las personas que no conocen la tragedia cubana, vio en este caso la patria potestad de padre, un caso normal.

En un país democrático civilizado con libertades, si la madre muere el padre automáticamente tiene la potestad de ese niño, pero Cuba no es un país normal ni democrático y el padre no tiene la potestad de ese niño, la tiene el dictador Fidel Castro y el régimen; tanto es así, que si vamos a analizar el caso, ese niño fue hallado milagrosamente el Día de Acción de Gracias, en noviembre, flotando sobre un neumático, después de haber pasado días en el estrecho de Florida -donde tantos cubanos han perdido la vida-, después de haber visto desaparecer a su madre y morir. Un trauma extraordinario. Afortunadamente el niño tenía familia aquí, que ya sabía que su madre y Elián iban a venir, y fueron avisados, pero ¿en qué país normal, en qué situación normal, ante esta tragedia tan horrible que ese niño había pasado y vivido, pasan meses antes de que un padre pueda correr al lado de su hijo a darle consuelo ante la inmensa pérdida de su madre y ante la experiencia monstruosa que vivió? ¿Qué quiere decir eso? ¿Es una situación normal, o es una situación controlada como todo es controlado en Cuba por Fidel Castro para su interés, para avanzar los intereses del régimen totalitario que representa? Y por eso el caso de Elián se convirtió en un circo, y la justicia no se hizo en este caso. Y ese es uno de los niños que está sometido a todo esto que

206

están sometidos los niños cubanos y ha sido utilizado como pieza política en todo momento.

La intensidad del adoctrinamiento se ve a través de la manera como niños tan pequeños hablan. Uno hace la comparación, por ejemplo, una niña que se paró en uno de los desfiles e hizo ese discurso donde hablaba del dictador Fidel Castro. Si lo comparamos con niños de su misma edad en países civilizados democráticos, en países donde todos sus ciudadanos gozan de libertad, vemos un contraste enorme. Yo no lo puedo analizar. Muchos psicólogos y psiquiatras han analizado el fenómeno de la niñez cubana, e inclusive, hubo una película, un documental producido o realizado por Mary Rodríguez y Purita Carrillo: "Niños en el Paraíso" que trata sobre estos traumas, sobre todo esto que ha sido parte intrínseca de la vida de estos niños que en cualquier otro lugar del mundo estarían jugando a las muñecas, viendo a Mickey Mouse...etc. La niñez es una de las edades más lindas por la ingenuidad, la inocencia, la nobleza del niño. ¡Y pensar que esos niños cubanos están sometidos a esa maldad de ese régimen increíble!

No podemos dejar de pensar en esos niños, hijos de prisioneros políticos cubanos, marginados totalmente de lo que es una vida normal por el mero hecho de que un padre o una madre tenga libertad para expresarse y haga uso de ella, es algo inaudito, es algo increíble lo que ha pasado y está pasando la niñez cubana.

Cuando uno lee la carta que le escribió Sahily Navarro al dictador Fidel Castro -una niña de 15 años que tiene ahora- uno se da cuenta de todos los traumas que tienen esos niños. Cuando uno escucha que un familiar de Jorge Luis Pérez Antúnez; su hermana Bertha fue a visitarlo en prisión, y delante de un niño pequeño, le entraron a golpes y a patadas a Jorge Luis y a Bertha también; no queda más que pensar: ¡Dios mío, hasta dónde puede llegar la monstruosidad de este régimen!

Cuando uno recuerda El Remolcador 13 de Marzo, donde niños son arrancados de los brazos de sus madres sin piedad ni misericordia, a fuerza de chorros de agua de alta presión, y tirados y ahogados en el fondo del mar por órdenes de un régimen abusador, uno se da cuenta de la magnitud y la inmensidad del sufrimiento del pueblo cubano a lo largo de estos 45 o 46 años, y no queda otra que pensar: ¿Hasta cuándo?

El indiferente es parte culpable de lo malo que sucede en su entorno, y en nada acreedor de todo lo bueno. –M,S.

CUBA, CASTRO, Y LA CONTRA REVOLUCIÓN

Por Miguel Sanfiel

El 1ro. de enero de 1959, después de dos años y pico de lucha guerrillera, y debido a los muy limitados y deficientes métodos de contrainsurgencia empleados por el Gobierno del dictador Fulgencio Batista, y a su precipitada huida, dejaron el campo libre al hoy dueño y señor absoluto de la nación cubana, para entrar triunfante en la capital rodeado de una aureola de patriotismo, heroicidad, y buena voluntad.

No resultó difícil al joven caudillo y brillante orador, contaminar la conciencia ciudadana de un deseo de revanchismo y odio hacia las personas e instituciones que habían cooperado, aun en forma mínima, con el anterior gobernante; y así vemos como muy pronto comienzan los fusilamientos, las largas condenas carcelarias, la toma de posición de inmuebles de aquellos que habían huido, o que fueron fusilados o que estaban en prisión.

La mayoría del pueblo, guiados por un sentimiento pueril de aventura y cambio, daba su aprobación a constantes nuevas medidas que, aunque eran foráneas a la democracia y al sano juicio, se hacían en nombre de los mártires de la Revolución, de una sociedad más justa, y de cuanto otro recurso emocional podía echar mano el sagaz e incansable "Comandante en jefe".

El transcurso de los meses y la reprobación que comenzó a recibir de algunos amigos y colaboradores en cuanto al rumbo que parecía ir tomando la Revolución, no lograron hacer mella en la predeterminada agenda de Fidel Castro que, usando de las virtudes del camaleón, con unos se mostraba rojo, con otros se vestía de verde "como las palmas", y con otros lucía un blanco inocente y casto; hasta que se consolida en el poder, y uno a uno va deshaciéndose de sus adversarios reales o potenciales: Lanz, Urrutia, Matos, Sorí Marín… Unos, exiliados; otros, en prisión; otros, muertos.

En la frustrada invasión de Girón ve una oportunidad de declararse comunista y pasando sobre todas sus negativas pasadas, proclama que "siempre he sido comunista, y lo seguiré siendo hasta el último día de mi vida". Persuade, compra voluntades, chantajea, encarcela, mata. Su frase " "libertad con pan; pan sin terror" se convierte en una cuasi tragedia de "poco pan, y ninguna libertad" y el terror se convierte en la sombra del cubano.

Pero ya es demasiado tarde para el pueblo, que está atado con toda suerte de cadenas: ¡la gran noche del pueblo cubano había llegado! El sueño de una Revolución justa y redentora se convertía así en una horrenda e interminable pesadilla con miles de fusilados, cientos de miles de exiliados, de propiedades confiscadas, de religiones perseguidas, de la UMAP, del Servicio Militar Obligatorio con sus $7 pesos al mes de paga, y mucha caña que cortar; con la división de la familia, la delación, el odio, la mentira sistematizada; con sus varios años de presidio por sacrificar un animal vacuno, etc. etc.

Hace ya 58 años que Cuba entró en ese torbellino. Incontables son los mártires, incalculable el dolor, insondable el hundimiento de la moral, donde el hurto no se llama hurto, sino "resolver", donde el padre o el esposo condonan la prostitución de un ser querido, en un desesperado intento de sobrevivir.

La vida de cada cubano es una novela donde lo real tiene los matices de la ficción, y la ficción se convierte en la realidad cotidiana, ineludible.

Contrario a lo que muchos piensan, el pueblo cubano no se ha resignado a su suerte, ni apoya siquiera en un 15 por ciento a su verdugo. La isla se llena de cárceles; las cárceles se llenan de opositores, muchos de ellos pacíficos, como ocurre con el llamado "Grupo de los 75"

El estrecho de Florida está repleto de cadáveres de compatriotas que al verse sin otra opción, se lanzan al mar en cualquier cosa que flote. Por mínima que sea la esperanza de llegar a Estados Unidos, esta es más grande que la fe en que el futuro traerá algo mejor.

20,000 visas son otorgadas anualmente por los E.U., pero no son suficientes para calmar el voraz deseo de los cubanos de salir de su patria en busca de un mejor destino y una vida más digna. Miembros de delegaciones de deportistas, artistas, etc. desertan cada vez que pueden, aun dejando a padres, esposas e hijos atrás, porque la esperanza vigoriza y hace milagros.

Pero este obstinado mandatario (que irrisoriamente se hace llamar "presidente") no da un solo signo de querer renunciar al poder, o de ponerlo a prueba por medio de unas elecciones limpias y supervisadas, y se vale de cuanta trampa sea necesaria para perpetuarse en él.

Ante ese cuadro, miles de ciudadanos cubanos han formado, con el paso de los años, decenas y cientos de organizaciones opositoras dentro de la isla y aquí en el exilio. Oswaldo Payá, un famoso activista y director del Movimiento Cristiano Liberación, logra 11,000 firmas para el Proyecto Varela. El Proyecto Varela reúne en su seno a cientos de otras pequeñas organizaciones opositoras.

Marta Beatriz Roque Cabello, una pacifista, pero valiente opositora, junto con René López Manzano y Antonio Bonne Carcaséss, han creado la Asamblea para Promover la Sociedad Civil, que de acuerdo al último conteo, tiene 356 organizaciones en su seno. Vladimiro Roca, Promovió el Movimiento Todos Unidos. Y así sucesivamente.

En el exilio hay cientos de organizaciones anticastristas, siendo varias de ellas organizaciones sombrillas que cobijan otras organizaciones: La Unidad Cubana, La Junta Patriótica, Los Municipios de Cuba en el Exilio, (que aunque no es puramente una organización política, se distingue por su militancia y cooperación en todo lo que concierne a Cuba). Está el CID (Cuba Independiente y Democrática) el Partido Ortodoxo, la Fundación Nacional Cubano-Americana, Comandos F4, el Consejo por la Libertad de Cuba, el Directorio Democrático Cubano, Mar por Cuba, la Coordinadora Democrática, el MRR, Alfa 66, la Brigada 2506, los Presos Políticos Plantados hasta la Libertad de Cuba, el Foro Revolucionario Democrático, y un gran número de otras prestigiosas organizaciones que son muy numerosas para nombrarlas, pero que han mantenido por decenas y decenas de años una vertical lucha contra el tirano.

Surge entonces la pregunta: Si hay tantas organizaciones trabajando en pro de un cambio para la democracia en Cuba ¿Cómo es que los logros son tan efímeros? Para mí, solo hay una respuesta: El no tener una organización única con planes estructurados y viables. Tan simple como eso. Y para ilustrarlo tiremos un vistazo a la construcción de un edificio: Cada obrero o grupo de obreros hace una labor diferente ¡pero todos se guían por el mismo plano! La Torre de Babel desapareció cuando sus constructores no lograban ya comunicarse entre sí y entenderse.

La gran tragedia que hemos tenido los cubanos, en los tiempos de Castro, ha sido precisamente que ese engendro, supo aniquilar por diferentes medios a todos aquellos que se erguían con la estatura del líder: Huber Matos, Jorge Mas Canosa, Laura Pollán, Orlando Zapata… Pero tanto el Exilio, como la Oposición en Cuba, no parecen reconocer las señales, como el Faraón de Egipto ante las plagas que le sobrevenían, y siguen obtusamente perseverando en el mismo tipo de conducta por años, lustros y decenios.

Así las cosas, no queda más que esperar que surja ese "imponderable" que haga el milagro. ¿Cuál será? Quizás la muerte súbita de Raúl Castro; quizás un levantamiento popular debido al hambre u otro factor menos visible en este momento; quizás la caída del régimen de Maduro, que se tambalea, y podría dejar a Cuba sin el vital suministro del petróleo…Lo que sí es evidente es que ni el Exilio, ni la Oposición en Cuba, si siguen dispersados, podrán tener un peso significativo en la liberación, democratización   y reconstrucción de la isla esclava.

El trago amargo de la invasión de Girón, también nos enseña que cuando se cuenta con aliados que no están emocionalmente atados a una causa, las probabilidades de triunfo son escazas, pues ante cualquier contratiempo, estos se rinden, como sucedió con J.F. Kennedy, que no quería que su administración fuera vista como teniendo parte activa y decisiva en ese intento de subvertir el Gobierno de Fidel Castro, y prontamente canceló su ayuda, con lo cual selló el destino de unos 1300 hombres que se enfrentaron a decenas de miles de tropas del Gobierno.

Aun cosas tan devastadoras como la fuga continua de cerebros, las frecuentes purgas dentro del aparato de Gobierno, la substracción de insumos de tiendas, almacenes y hospitales por los propios trabajadores, etc. no han podido dar al traste con este Gobierno totalitario, que como lo acapara todo, se puede dar el lujo de perder una cierta cantidad, ya que esta se esfuma y disuelve entre la totalidad de los bienes del Estado, que entonces proporciona al pueblo lo que tiene, y no lo que este necesita, pero que se ve forzado a aceptar, porque no hay otras opciones.

Hoy el pueblo cubano vive en condiciones inferiores a 1959 en muchas, aunque no todas las áreas. Es decir, la educación hoy está más extendida que antes; el nivel de analfabetismo es mucho menor, la electrificación del país está más extendida…pero, pare de contar… y aun esto, que hemos aceptado como un avance, no es del todo "un logro de la Revolución", pues si Cuba hubiera seguido al ritmo que iba en el 1958, posiblemente hoy en día estuviera en escalones más altos en esas mismas áreas, ya que estamos hablando de más de medio siglo, y tres generaciones.

Para ejemplificar lo que decimos, pongamos por ejemplo, el hecho de que varios millones de cubanos tienen hoy un teléfono celular; esto es así, ¡pero es que tal cosa no es un producto de la Revolución, sino de los tiempos! Igual sucede con los electrodomésticos, incluyendo la refrigeración y la televisión, hoy están más universalizadas en Cuba, pero también lo están en otros países, que en 1958 estaban a un nivel más bajo que Cuba. Además, lo que resiente el cubano, no es todo basado en los bienes materiales y el confort con el que toda persona desea y merece vivir, sino con algo menos tangible, pero tan esencial como aquello para el ser humano, y es la falta de libertad y el imperio del terror; porque como sucede en todos los países que sufren o han sufrido el comunismo, la primera víctima de esa ideología es la libertad: libertad para protestar si uno está en desacuerdo con algo; para relocalizarte en donde quieras sin pedirle permiso a nadie; para reunirte con aquellos que sustentan ideas similares a las tuyas; para entrar y salir del país sin visas ni límites de entradas o salidas; para escoger al presidente y otros miembros del Gobierno de acuerdo a tu preferencia política; para comprar y vender; para decir lo que piensas sin verte marginado y vilipendiado por el Gobierno todopoderoso e inclemente...¡y todas esas libertades –y más– faltan en Cuba, como faltan en Corea del Norte, en China y en todos los países que caen bajo una ideología totalitaria, exactamente como está sucediendo en algunos países Árabes, donde la ley sharía, -que es el cuerpo de derecho islámico que contiene un código detallado de conducta, en el que se incluyen las normas relativas a los modos del culto, los criterios de la moral y de la vida, las cosas permitidas o prohibidas- está rigiendo y fuerza a las mujeres a cubrirse casi totalmente todo el tiempo, a obedecer al marido sin cuestionamientos, a no manejar un auto o bañarse en público con ropas ligeras, etc. etc.

La moral, las religiones, son hermosas cuando son aceptadas libremente, sin coacción ni castigos; pero compeler a alguien ha adorar, a cubrirse para no mostrar el cuerpo, so pena de castigos severos y ultraje público, es en sí mismo una desgracia y una afrenta para ambos, el que exige y el que otorga, para cumplir con una norma que no entiende o con la cual no se siente personalmente identificado, pero que

215

prefiere hipócritamente aceptar para evitar males mayores. Y esto sucede en Cuba todo el tiempo: se aplaude en público el discurso que luego se critica ásperamente en privado; se dice "viva la Revolución" cuando el deseo es verla desaparecer, porque te asfixia; se va al trabajo "voluntario" para no perder el empleo que asegura por lo menos la subsistencia; y por eso el cubano emigra en números vergonzosos para el Gobierno; y el supuesto 'enemigo yanqui' se ve como el salvador, no solo del cuerpo físico, porque allí se logra el pan, el techo y el vestido, sino también porque la integridad de la persona se preserva y si se miente, se miente por vicio y no por necesidad. Y si se roba o prostituye es opción personal, no compulsión externa creada por el Estado que todo lo controla y decide, basado en los intereses personales de sus oficiales.

El que defiende sus ideas con pasión, pero sin fanatismo o tozudez, y sin malicia, por errado que pudiera estar, merece respeto. –M.S.

CUBANOS EN AQUILER: MÉDICOS, TÉCNICOS Y DEPORTISTAS

Por Miguel Sanfiel

Castro llegó al poder con las promesas a flor de labio. Quería seducir, quería "involucrar" al pueblo con su demagogia; quería crear falsas expectativas para ir armando su trampa mientras tanto; y así con una verborrea alucinante fue comprando tiempo, debilitando a los fuertes, desesperanzado a los que confiaban en que "esto no dura". La frase "Lo dijo El caballo" era sinónimo de garantía en los primeros meses de vida del régimen, ya fuera para lo bueno o para infundir terror y quietismo en el pueblo.

Veamos lo que presuntamente Castro dijo en el juicio que se le siguió por el barbárico asalto al cuartel Moncada, donde expertos aducen que no había ninguna probabilidad de triunfo. Es decir, si él no se quería la vida, por lo menos debió de cuidar a aquellos que confiaron en él; pero su deseo de poder era tan avasallador que no repara en mandar a Bayamo, a atacar el cuartel Carlos Manuel de Céspedes, a Raúl Martínez Arrarás, un joven que me confesó en una entrevista que le hice aquí en Miami, en el 2005, que él "JAMAS HABIA TIRADO UN TIRO" y que su mamá había mandado a su hermano con él "para que lo acompañara". Una declaración que pudiera incitar a risa si no fuera por el hecho de que su hermano perdió la vida en ese episodio.

Pues bien, Fidel se expresó así en su juicio:

"En aquella primera sesión se me llamó a declarar y fui sometido a interrogatorio durante dos horas, contestando las preguntas del señor fiscal y los veinte abogados de la defensa. Cuando concluya, (el juicio) no quiero tener que reprocharme a mí mismo haber dejado principio por defender, verdad por decir, ni crimen sin denunciar.

..."Tan grave o peor es la tragedia de la vivienda. Hay en Cuba doscientos mil bohíos y chozas; cuatrocientas mil familias del campo y de la ciudad viven hacinadas en barracones, cuarterías y solares sin las más elementales condiciones de higiene y salud; dos millones doscientas mil personas de nuestra población urbana pagan alquileres que absorben entre un quinto y un tercio de sus ingresos; y dos millones ochocientas mil de nuestra población rural y suburbana carecen de luz eléctrica. Aquí ocurre lo mismo: si el Estado se propone rebajar los alquileres, los propietarios amenazan con paralizar todas las construcciones; si el Estado se abstiene, construyen mientras pueden percibir un tipo elevado de renta, después no colocan una piedra más aunque el resto de la población viva a la intemperie. Otro tanto hace el monopolio eléctrico: extiende las líneas hasta el punto donde pueda percibir una utilidad satisfactoria, a partir de allí no le importa que las personas vivan en las tinieblas por el resto de sus días. El Estado se cruza de brazos y el pueblo sigue sin casas y sin luz"*

"Un Gobierno revolucionario resolvería el problema de la vivienda... demoliendo las infernales cuarterías para levantar en su lugar edificios modernos de muchas plantas y financiando la construcción de viviendas en toda la isla en

218

escala nunca vista, bajo el criterio de que si lo ideal en el campo es que cada familia posea su propia parcela, lo ideal en la ciudad es que cada familia viva en su propia casa o apartamento. Hay piedra suficiente y brazos de sobra para hacerle a cada familia cubana una vivienda decorosa"

Y cinco semanas después de tomar el poder, el 16 de febrero de 1959 afirmaba:

"Tengo la seguridad de que en el curso de breves años elevaremos el estándar de vida del cubano superior al de Estados Unidos y al de Rusia".

Ya el 13 de Marzo del mismo año, decía en La Habana:

"Nosotros hemos dicho que convertiremos a Cuba en el país más próspero de América, hemos dicho que el pueblo de Cuba alcanzará el nivel de vida más alto que ningún país del mundo".

Y solo dos días más tarde daba esta insólita noticia:

"Además, estamos ya estudiando y preparando los proyectos para desecar la Ciénaga de Zapata, con una capacidad de 15,000 caballerías de tierra, y que cuando esté en condiciones de cultivo, va a servir de sustento a decenas de miles de familias cubanas."

... *"Porque de la misma manera que alcanzamos estos 6 millones de toneladas de azúcar, sin duda que se alcanzarán los 10 millones en 1970".*

"Paralelamente se desarrollará la industria de la sucro-química, la utilización del bagazo para hacer pulpa, y con los planes de repoblación forestal que se están haciendo, en el futuro podremos mezclar pulpa de bagazo con pulpa de

madera y tendremos otro tremendo renglón de exportaciones.

Pero los sueños y fantasías del Comandante en jefe no se detenían ante ningún obstáculo real o aparente; por eso en Agosto 23 de 1966, orgulloso de los supuestos logros apostaba a que:

"En 1970 la isla habrá de tener 5 mil expertos en la industria ganadera y alrededor de 8 millones de vacas y terneras...productoras de leche... Habrá tanta leche que se podrá llenar la bahía de La Habana con leche".

Y en enero 2 de 1968, afirmaba que:

"Ya en el campo de la economía, nuestra agricultura estará considerablemente desarrollada para 1970, y se pondrá el énfasis fundamental del país no solo en las industrias básicas -como cemento, electricidad y otras-, sino que ya la década de 1970 a 1980 será la década de las instalaciones industriales, tanto para elaborar los productos de una agricultura desarrollada como para atender todas las necesidades de una sociedad moderna y en avance"

"Nuestra ganadería se desarrolla y no tenemos dudas de que será en el curso de pocos años una de las mejores ganaderías del mundo, porque nosotros no tememos competencia de ninguna clase, pero además, seremos productores importantes de carne para los mercados del mundo, en cantidad y en calidad, y seremos productores importantes de cultivos tropicales, y entre los cítricos nos colocaremos entre los primeros países del mundo, y lo mismo ocurrirá con el café y con el plátano fruta y con la piña".

Un poco más adelante, en Junio 8 de 1968, Castro no solo pensaba igualar la producción de cítricos de la isla a los de Los Estados Unidos, sino que pronosticaba que:

"Y si ellos en la Florida han podido desarrollar una gran industria de cítricos en una tierra peor que la nuestra, no hay la menor duda de que nosotros vamos a tener una industria de cítricos superior a la industria de cítricos de la Florida. De eso no hay duda" -

Y como colofón, en el paroxismo de su oratoria, en Junio 18 del 2008, Fidel pronosticaba:

"Cuba, en un breve tiempo, se convertirá en un país exportador de petróleo".

Y ¿qué sucedió? Que no hizo casas, ni se produjo leche, el petróleo es poco y malo, los cítricos se han desaparecido en Cuba, el café está limitado a tres onzas por persona al mes, el azúcar también está racionada, no se ve la carne de res, los ciudadanos a través de toda la isla viven en un hacinamiento simplemente increíble, la agricultura es un desastre: no hay insecticidas, no hay abono, no hay transportación. Cuba es uno de los países menos próspero de América, y tiene una deuda externa de decenas de cientos de millones de dólares, el estándar de vida del cubano está por el suelo, la Salud Pública en verdad está extendida, pero los equipos médicos son obsoletos, las medicinas son muy difíciles de conseguir –a pesar del flujo constante de medicamentos a través de los exiliados que van a Cuba, y todo el mundo lleva cuando menos 20 libras de medicamentos- y, en fin, esa "tasa de oro" con que deliraba el tirano, solo existió en su mente trasnochada y diabólica.

Para ser honesto tengo que decir que, según mi criterio personal, Fidel Castro estaba siguiendo un libreto que él había escrito en la Sierra o ya en el poder, y que todas estas "burradas" eran su modo de imbuir energía y confianza en un pueblo que se iba enfriando paulatinamente del fervor revolucionario, y que Castro siendo un individuo con una superioridad intelectual indiscutible, veía que era necesario decir, aunque la realidad lo desmintiera estrepitosamente.

Una obsesión que tiene este señor es que a él lo que le interesa es sobrevivir. Él sabe que al vencedor no se le cuestiona, y por eso le importa tres pepinos lo que digan los exiliados, el Departamento de Estado de los Estados Unidos, o el inerme pueblo cubano, en tanto él pueda manejarlo con la palabra, el hambre o el terror.

He querido disgregarme, si se quiere, del tema central del artículo, porque pienso que era necesario hacerlo para entender, siquiera un poco, como se han ido hilvanando las cosas hasta llegar a la situación cubana actual, pues tratar un tema solo con la información actual, sin conocimiento de su historia anterior, es como el turista que visita un barrio de una ciudad y ya cree que la conoce toda. El cantautor Silvio Rodríguez (que vive en Cuba) ha dicho recientemente que hasta que él no se adentró en los barrios para llevar su música, desconocía las pésimas condiciones en que vive el pueblo. ¡Y se lo creo! porque así es la vida: el dolor de otros, se deduce, pero no se siente.

Pues bien, no es noticia que el Gobierno cubano tiene en Venezuela unos 30,000 trabajadores de la salud, técnicos en otras ramas del conocimiento, así como entrenadores deportistas, y personal militar. En Brasil hay unos 8,000 médicos: en Bolivia y Ecuador unos 4,000 en cada uno de ellos; en Nicaragua de 800-1000; y así por el resto del mundo, mientras que en Cuba, el país y el pueblo sufren por la carencia de ellos, y de las divisas, en vez de reinvertirse en la infraestructura o en los insumos necesarios, van a engrosar los bolsillos de la elite gobernante.

Cabe aquí decir que estas cifras no son exactas, porque si una cosa se sabe con absoluta seguridad, es lo secretivo que es el régimen cubano acerca de todos sus asuntos de Gobierno. Tal es así, que aún la salud de los mandamases es tratada como secreto de Estado y guardada celosamente. (Adolfo Hitler también lo hizo con mucha efectividad, ya que su desastroso estado de salud física, pero sobre todo mental-emocional, no se conoció hasta mucho después de su muerte).

En Cuba, todo lo que no enaltece y embellece la figura del "Máximo Líder" está estrictamente prohibido divulgar. Tanto es así que Castro tiene su propia clínica a donde solamente el personal necesario y su familia inmediata puede entrar cuando él está ingresado; y todos los funcionarios se cuidan como señoritas de guardar ese precepto revolucionario.

Por lo tanto, siempre que se navega en esos mares hay que ponerse los chalecos salvavidas; hay que trabajar con estos datos que nos llegan escurridizamente. Tratamos de ser lo más objetivos y exactos posible dentro de las limitaciones que no quisiéramos tener, pero que nos imponen.

Resultaría ingenuo pensar que un exilio de más de un millón y medio de cubanos, 400-580 cárceles en el territorio nacional, 30-40 mil cubanos saliendo cada año del país por cuanto medio les es posible, -incluyendo frágiles balsas, construidas la mayoría de retazos materiales de construcción, y hasta los tubos inflables de gomas de camión- abandonan Cuba para buscar refugio en nuevas tierras. La razón inequívoca es que los profesionales en la otrora "Perla del Caribe" devengan un salario mensual de unos 25 CUCs (unos 650 pesos cubanos) y ese salario no alcanza virtualmente para nada; y entonces el profesional se ve en la disyuntiva de seguir así toda la vida o dejar su esposa/o, hijos, y otros familiares por detrás e irse al país al que lo mande la Revolución para así asegurarse 10-12 veces más el salario que recibía en Cuba, además de poder traer equipos de varias clases, y que el Gobierno le deposite en los bancos nacionales $50 CUCs al mes para su retiro.

Pero el asunto no termina ahí, el Gobierno cubano, "siempre visionario", se embolsilla el 90% de lo que le pagan los otros gobiernos por los servicios que reciben de los profesionales cubanos. Y todavía si fuera para invertirlo en beneficio del pueblo, quizás uno podía justificar un poquito la acción, aunque verdaderamente el que trabaja por algo, merece toda la remuneración, y no los que están al lado con el brazo en reposo.

Ninguna persona debiera tener más que lo que le garantice una vida desahogada y normal. Los grandes capitales debieran estar al servicio de las grandes necesidades humanas. Que un billonario tenga 50 casas de decenas de millones cada una, y un yate de 100 millones, no me parece justo, y debiera de haber cierta justa escala de riqueza, donde el emprendedor e inteligente progrese y disfrute, pero que reinvierta en el pueblo lo que sacó de él y de la nación, porque el rico, cuando comenzó a trabajar, se encontró las carreteras hechas, y los puertos finalizados, y la infraestructural general apta para facilitar su enriquecimiento; por lo tanto, "si tomas, da". Eso sería lo más justo.

Es necesario indicar que los profesionales no viven en un "vacío" o en guetos dentro de los diferentes pueblos de la isla, es más, en general, viven solo un poquito mejor que la media de la ciudadanía; por eso tenemos que mencionar aquí que como consecuencia de este empobrecimiento general de la nación, que comenzó en los años 70 y se agravó en los 90 con la desaparición de la Unión Soviética, ha seguido su curso, y hoy por hoy Cuba es uno de los países más pobres de América. Y bien sabemos que la pobreza siempre viene acompañada por su séquito de cortesanos: Las enfermedades, el hurto, el crimen, las drogas, la desesperanza, el miedo, etc. Por eso, aquellas personas que se ven ahogadas por las necesidades, recurren a veces a "cualquier cosa" para tratar de salir del atolladero, desde –como ya hemos visto anteriormente- optar por ir a "las misiones extranjeras", hasta vender su cuerpo como lo hacen las jineteras, los jineteros y otros "luchadores" (así le llaman en Cuba a esas infortunadas criaturas que tienen que delinquir o vender sus cuerpos para sobrevivir). La situación cubana es tan increíble que sabemos de médicos, ingenieros, profesores y otros profesionales que han dejado su oficio para dedicarse a ser choferes de alquiler y cosas por el estilo, o peor aún, para buscar en el jineterismo lo que el Gobierno con su sistema comunista de trabajo no les permite, ya que, por ejemplo, la práctica privada del oficio, aunque fuera esporádicamente o a medio tiempo, está prohibida.

Últimamente el régimen de los Castro, asfixiado por los "imponderables" como la situación socio-política-económica de Venezuela, que es la ubre que amamanta la tiranía, está aflojando un poco la mano y se están haciendo reformas a cuentagotas; por ejemplo, el Gobierno cubano ha decidido convertir a los empleados de las empresas estatales de taxis en trabajadores privados, con el fin de mejorar la calidad de un servicio ineficiente durante décadas, y a la vez reducir la planilla estatal. También los restaurantes están siendo privatizados, así como la compra y venta de casas, autos, etc. esto quiere decir, que si se sigue este camino, en unos pocos años más los Castro van a dejar Cuba como la cogieron en 1959 –aunque más empobrecida y maltrecha- Esto nos lleva a la tesis final: El Sistema comunista es una escoria que no vale nada, que no funciona, que corrompe, que degrada al ser humano, y que al final tiene que ser sustituido, como sucedió en la Unión Soviética y lentamente está pasando en China y otros bastiones de la teoría marxista-leninista, por el capitalismo, que no es perfecto, pero funciona.

La libre empresa, con las regulaciones que no le permita hacerse leonina, es la única forma de producción que brida al individuo la oportunidad de realizarse en todos los aspectos, porque cuando hay libre empresa los mecanismos que mueven al ser humano se activan, y aquel que se queda atrás es porque en realidad es un incapacitado o no quiere esforzarse y cumplir con su deber como ciudadano y miembro de una familia, y lo que hace es consumir y vivir bien para sus estándares.

Si miramos el caso de las dos Coreas, la del Norte y la del Sur, podemos verificar todo lo que aquí se ha dicho en ese respecto -y no fue que Corea del Sur se quedara con todas las riquezas cuando el país fue dividido después de la II Guerra Mundial, y Estados Unidos ocupó la parte sur de la península, y las tropas rusas, la parte norte del paralelo 38. Si no que más tarde, después del fracaso de la celebración de elecciones libres en toda la península en 1948, se acentuó la división entre ambas partes, y el norte estableció un Gobierno comunista.

En 1950 después de muchas escaramuzas, y de Corea del Norte haber invadido Corea del Sur, se declaró la guerra que duró hasta 1953, con un armisticio que incluía 4 millas desmilitarizadas en la frontera de las dos Coreas.

Pues bien, hoy en día, Corea del Sur tiene una muy buena economía, y Corea del Norte tiene que estar recibiendo ayuda de otros países para alimentar su población, y es un país cerrado, con increíbles problemas políticos y sociales…¡ah, pero hay algo en que están muy adelantados: ¡en las armas! Los desfiles militares son impecables, y está desarrollando hasta armas atómicas

Si en Cuba se hiciese como en Corea: dividir el país en dos- ¡y no lo estoy proponiendo, ni lo aceptaría!- pero si Cuba se dividiese en dos partes, estoy seguro que transcurrido tan solo un año, la parte capitalista sería un sitio más próspero, más humano y más feliz que su contraparte comunista, (y no lo digo porque tenga una bolsa de cristal donde verlo, sino porque así ha sucedido siempre, y Cuba no va a ser la excepción, porque ya lo ha demostrado hasta la saciedad).

Los malos nunca comprenden a los buenos; ni los buenos a los malos, porque ambos viven mundos diferentes; obviamente no en ese mundo físico tan limitado, sino no en el otro: el de ondas y energía.
– M. S.

UNA MIRADA AL MANIFIESTO DE LA SIERRA MAESTRA. -RESPUESTAS CON PREGUNTAS-.

> "Más pronto se agarra a un mentiroso que a un cojo".
> -dicho cubano

AL PUEBLO DE CUBA.

· Desde la Sierra, donde nos ha reunido *el sentido del deber*,

R. ¿A qué deber se refería Fidel Castro cuando escribió esa frase? ¿A qué deber, cuando lo que él hizo fue matar soldados y llevar a morir jóvenes soñadores y sin gran experiencia a morir en el Moncada? ¿Cuántas vidas costó el 10 de Marzo? ¿A cuántos de los funcionarios de la presidencia de Prío fusiló Batista? ¿A cuántos encarceló? ¿A cuántos hizo huir del país en una balsa o entre el tren de aterrizaje de un avión?

· Hacemos este llamamiento a nuestros compatriotas. Ha llegado la hora en que la nación se puede salvar de la tiranía.

R. ¿De qué tiranía hablaban en ese manifiesto, si a todas luces hoy, Fulgencio Batista pudiera ser canonizado si se le compara con el legado que ha dejado Castro?

· Por la inteligencia, el valor y el civismo de sus hijos, por el esfuerzo de todos los que han llegado a sentir en lo hondo el destino de *esta tierra donde tenemos derecho a vivir en paz y en libertad.*

R. *¿A cuáles libertades se refería este señor cuando él ha llenado literalmente de cárceles la isla? ¿Cuál es el significado de la palabra libertad? ¿No es libertad poderte mover dentro o fuera de la isla, si tienes el deseo? ¿No es libertad poder afiliarse a un partido político o a disentir de aquello que no nos gusta? ¿Es libertad ser encarcelado por no comulgar con aquello que el Gobierno quiere adelantar, aunque lo hagas pacíficamente? ¿Tiene libertad un pueblo que no puede emprender y desarrollar un negocio, porque el Gobierno simplemente no lo quiere? ¿Es libertad tener que delinquir para poder comer? ¿No es realmente esclavo el que tiene que hacer lo que el Gobierno manda, sin siquiera el beneficio de ser escuchado? ¿Por qué si hay libertad, en un país donde había 14 cárceles en 1958, hay hoy cerca de 500?*

· ¿Es incapaz la nación cubana para cumplir su alto destino o recae la culpa de su impotencia en la falta de visión de sus conductores públicos? ¿Es que no se le puede ofrendar a la Patria en su hora más difícil el sacrificio de todas las aspiraciones personales, por justas que parezcan, de todas las pasiones subalternas, las rivalidades personales o de grupo, en fin, de cuanto sentimiento mezquino o pequeño han impedido poner en pie, como un solo hombre este formidable pueblo, despierto y heroico que es el cubano? ¿O es que el deseo vanidoso de un aspirante público vale más que toda la sangre que ha costado esta República?

R· ¿No es un deseo vanidoso irse al África de expedicionario a entremeterse en asuntos que eran netamente de los africanos o de cada país en particular en África? ¿Qué recibió Cuba a cambio de la sangre vertida en suelo extraño? ¿Por qué Castro tuvo que inmiscuirse en los asuntos de Colombia y desarrollar un movimiento guerrillero y narcotraficante que ha costado 250,000 muertos a ese país? ¿Qué hacía Castro fomentando guerrillas en Venezuela y tantos otras naciones?

· Nuestra mayor debilidad ha sido la división, y la tiranía, consciente de ello, la ha promovido por todos los medios, en todos los aspectos. Ofreciendo soluciones a medias, tentando ambiciones unas veces, otra la buena fe o ingenuidad de sus adversarios, dividió los partidos en fracciones antagónicas, dividió la oposición política en líneas disímiles y, cuando más fuerte y amenazadora era la corriente revolucionaria, intentó enfrentar los políticos a los revolucionarios, con el único propósito de batir primero la Revolución y burlar a los partidos después.

R. ¿No es esa técnica de "divide y vencerás" la que Castro empleó constantemente en TODO lo que él emprendía desde el principio de su Revolución? ¿Acaso no comenzó a quitarles las tierras a los grandes terratenientes, después a los medianos, después a los pequeños, para quitarle fuerza a cada uno de ellos? ¿Qué soluciones le dio Castro a los problemas de la nación cubana? ¿Está Cuba hoy mejor que en 1958? ¿Cuál ha sido el costo humano de la Revolución?

¿Cuál ha sido el daño antropológico de estos 58 años de castrismo-comunismo? ¿Por qué la gente emigra en cantidades enormes? ¿Por qué la infraestructura nacional es hoy un desastre a punto de colapsar? ¿Cuál es la causa por la que médicos, ingenieros, etc. tengan que sobrevivir con salarios de 80 o 100 dólares al mes y no puedan ni tener una práctica privada a medio tiempo para aumentar su peculio? ¿Por qué hay decenas y cientos de prisioneros políticos y la organización Damas de Blanco?

· Para nadie era un secreto que si la dictadura lograba derrotar el baluarte rebelde de la Sierra Maestra y aplastar el movimiento clandestino, libre ya del peligro revolucionario, no quedaban las más remotas posibilidades de *unos comicios honrados en medio de la amargura y el escepticismo general.*

R. *¿Cuántas elecciones "honradas" hizo Fidel Castro en casi 58 años detentando el poder en Cuba? ¿Cómo es posible que un gobernante se declare a sí mismo y a su régimen "intocable"? ¿Qué movió a Urrutia y a Huber Matos a renunciar sus altas posiciones en el Gobierno? ¿Por qué se fusiló a Sorí Marín y no a Menoyo?*

. Sus intenciones quedaban evidenciadas, tal vez demasiado pronto, a través de la segunda minoría senatorial, aprobada con escarnio de la Constitución y burla de los compromisos contraídos con los propios delegados oposicionistas, tentaba de nuevo la división y preparaba el camino de la brava electoral.

Que la Comisión Interparlamentaria fracasó lo reconoce el propio partido que la propuso en el seno del Congreso; lo afirman categóricamente las siete organizaciones oposicionistas que participaron en ella y hoy denuncian que ha sido una burla sangrienta; lo afirman todas las instituciones cívicas; y sobre todo, lo afirman los hechos.

R. ¿No es obvio que es una "burla sangrienta" todas las maniobras y componendas de los hermanos Castro y el Partido Comunista Cubano para salirse con las suyas desoyendo el clamor del pueblo por un cambio radical en el sistema de Gobierno?

¿No es ridículo que Castro tome cuenta de lo que afirmaron las siete organizaciones oposicionista de entonces, cuando en Cuba hay hoy más de trescientas organizaciones que denuncian peores tiempos que aquellos? ¿No son "hechos" las denuncias que se hacen cada día por las decenas de organizaciones del Exilio y las internas?

· Y estaba llamada a fracasar porque se quiso ignorar el empuje de dos fuerzas que han hecho su aparición en la vida pública cubana: la nueva generación revolucionaria y las instituciones cívicas, mucho más poderosas que cualquier capillita.

Así, la maniobra interparlamentaria sólo podía prosperar a base del exterminio de los rebeldes. A los combatientes de la Sierra no se les ofrecía otra cosa en esa mezquina solución, que la cárcel, el exilio o la muerte. Jamás debió aceptarse a discutir en esas condiciones.

Unir es lo único patriótico en esta hora. Unir en lo que tienen de común todos los sectores políticos, revolucionarios y sociales que combaten la dictadura.

¿Y qué tienen de común todos los partidos políticos de oposición, los sectores revolucionarios y las instituciones cívicas? El deseo de poner fin al régimen de fuerza, las violaciones a los derechos individuales, los crímenes infames y buscar la paz que todos anhelamos por el único camino posible que es el encauzamiento democrático y constitucional del país.

R· ¿Por qué (Si se sabía que el deseo común era -y es- poner fin al régimen de fuerza, de violaciones a los derechos individuales, los crímenes infames, y buscar la paz) se sigue porfiando que el comunismo es el único y verdadero camino?

· ¿Es que los rebeldes de la Sierra Maestra no queremos elecciones libres, un régimen democrático, un Gobierno constitucional?

R. ¡Pues parece que no! Si no, ¿por qué no se ha hecho? ¿Por qué el Gobierno cubano hace todo por decreto o por una camarilla que denominan "asamblea Nacional del Poder Popular", pero que responde a la voluntad del "Primer Secretario", que es el jefe del Estado?

· Porque nos privaron de esos derechos hemos luchado desde el 10 de marzo. Por desearlos más que nadie estamos aquí. Para demostrarlo, ahí están nuestros combatientes muertos en la Sierra y nuestros compañeros asesinados en las calles o recluidos en las mazmorras de las prisiones; luchando por el hermoso ideal de una Cuba libre, democrática y justa. Lo que no hacemos es comulgar con la mentira, la farsa y la componenda. Queremos elecciones, pero con una condición: elecciones verdaderamente libres, democráticas, imparciales.

R. *¿Ancho para ustedes, cuando estaban en la Sierra, y estrecho para nosotros, los opositores, los exiliados, los que pensamos ahora como ustedes dizque "pensaban" entonces? ¿No es una de las grandes críticas que se hace al Gobierno cubano precisamente eso que no celebra elecciones verdaderamente libres, democráticas e imparciales?*

· ¿Pero es que puede haber elecciones libres, democráticas, imparciales con todo el aparato represivo del Estado gravitando como una espada sobre las cabezas de los oposicionistas? ¿Es que el actual equipo gobernante después de tantas burlas al pueblo puede brindar confianza a nadie en unas elecciones libres, democráticas, imparciales?

R. *¿Quién hace esa pregunta: ustedes o nosotros? Porque en verdad, yo me hago las mismas preguntas.*

· ¿De qué vale el voto directo y libre, el conteo inmediato y demás ficticias concesiones, si el día de las elecciones no dejan votar a nadie y rellenan las urnas a punta de bayoneta? ¿Acaso sirvió la comisión de sufragios y libertades públicas para impedir las clausuras radiales y las muertes misteriosas que continuaron sucediéndose?

R. *¿No es esa precisamente nuestra pregunta: para que ha servido la Revolución cubana, si seguimos – ¡y hasta con mucha más crudeza!- las clausuras radiales y las muertes misteriosas y profusas?*

· ¿De qué han servido hasta hoy los reclamos de la opinión pública, las exhortaciones, el llanto de las madres? Con más sangre se quiere poner fin a la rebeldía, con más terror se quiere poner fin al terrorismo, con más opresión se quiere poner fin al ansia de libertad.

R. Ese párrafo ya me sacó de mis casillas. Es demasiado explícito, demasiado cínico para dejarlo sin comentario y tengo que responder a esa pregunta capciosa: Los reclamos de la opinión pública, las exhortaciones, el llanto de las madres, y mucho, mucho más que eso han caído en oídos sordos, porque esa diabólica criatura que se llama la Revolución Cubana, se ha comido, como Saturno, a sus propios hijos; ha vertido más sangre que la Guerra de Independencia; ha sembrado el terror a grandes y chicos, a pobres y a ricos, a hombres y mujeres, a los religiosos, y a ateos, y no por cuatro o diez años, ¡sino por 58 y contando..! Aquí viene bien la frase de Raúl Castro que, en cierto momento, en México, dijo: "Los castro somos longevos y firmes". Y esa es posiblemente la única verdad dicha en 60 años por ese binomio infortunado y cruel que son Fidel y Raúl Castro; pero tengo solo una pequeña observación que añadir a esa frase: firmes en la maldad, en la intriga, en la sed de poder, en la necesidad, como Drácula, de sangre para poder vivir.

· Las elecciones deben ser presididas por un Gobierno provisional neutral, con el respaldo de todos, que sustituya la dictadura para propiciar la paz y conducir al país a la normalidad democrática y constitucional.

R· ¿Habrá mayor cinismo que aquel que pide a otro lo que el mismo se negaría a dar? ¿Y por qué ustedes no lo hacen? ¿Es tan grande el temor que le tienen a la decisión que el pueblo haría? ¿Se sienten como Ceausescu, con miedo de que lo que han hecho les pueda traer muerte e ignominia?

¡Que Dios os perdone, porque la patria, no os puede perdonar...malvados!

· Esta debe ser la consigna de un gran frente, cívico-revolucionario que comprenda todos los partidos políticos de oposición, todas las instituciones cívicas y todas las fuerzas revolucionarias.

En consecuencia, proponemos a todos los partidos políticos oposicionistas, todas las instituciones cívicas y todos los sectores revolucionarios lo siguiente:

R. (Os juro que todas las proposiciones que siguen a este comentario, podrían ser aceptadas y adoptadas por el Exilio y la Oposición en Cuba, porque lo que decían querer no se ha cumplido en nada o lo poco que pudiera aducirse en vuestro favor, es tan insignificante, que en la tabla de los plus y los contra, vuestro saldo final es menos cero).

1) Formación de un Frente Cívico Revolucionario con una estrategia común de lucha.

2) Designar desde ahora una figura llamada a presidir el Gobierno provisional, cuya elección, en prenda de desinterés por parte de los líderes oposicionistas y de imparcialidad por el que resulte señalado, quede a cargo del conjunto de instituciones cívicas.

3) Declarar al país que dada la gravedad de los acontecimientos no hay otra solución posible que la renuncia del dictador y entrega del poder a la figura que cuente con la confianza y el respaldo mayoritario de la nación, expresado a través de sus organizaciones representativas.

4) Declarar que el Frente Cívico-Revolucionario no invoca ni acepta la mediación o intervención alguna de otra nación en los asuntos internos de Cuba. Que en cambio, respalda las denuncias que por violación de derechos humanos han hecho los emigrados cubanos ante los organismos internacionales y pide al Gobierno de los Estados Unidos que, en tanto persista el actual régimen de terror y dictadura, suspenda todos los envíos de armas a Cuba.

5) Declarar que el Frente Cívico-Revolucionario, por tradición republicana e independentista no aceptaría que gobernara provisionalmente la República ningún tipo de Junta Militar.

6) Declarar que el Frente Cívico-Revolucionario alberga el propósito de apartar al Ejército de la política y garantizar la intangibilidad de los Institutos Armados. Que los militares nada tienen que temer del pueblo cubano, y sí de la camarilla corrompida que los envía a la muerte en una lucha fratricida.

7) Declarar, bajo formal promesa, que el Gobierno provisional celebrará elecciones generales para todos los cargos del Estado, las provincias y los municipios

en el término de un año bajo las normas de la Constitución del 40 y el Código Electoral del 43 y entregará el poder inmediatamente al candidato que resulte electo.

8) Declarar que el Gobierno provisional deberá ajustar su misión, al siguiente programa:

a. Libertad inmediata para todos los presos políticos, civiles y militares.

b. Garantía absoluta a la libertad de información, a la prensa radial y escrita y de todos los derechos individuales y políticos garantizados por la Constitución.

c. Designación de alcaldes provisionales en todos los municipios previa consulta con las instituciones cívicas de la localidad.

d. Supresión del peculado en todas sus formas y adopción de medidas que tiendan a incrementar la eficiencia de todos los organismos del Estado.

e. Establecimiento de la Carrera Administrativa.

f. Democratización de la política sindical promoviendo elecciones libres en todos los sindicatos y federaciones de industrias.

g. Inicio inmediato de una intensa campaña contra el analfabetismo y de educación cívica, exaltando los deberes y derechos que tiene el ciudadano con la sociedad y con la Patria.

h. Sentar las bases para una reforma agraria que tienda a la distribución de las tierras baldías y a convertir en propietarios a todos los colonos, aparceros, arrendatarios y precaristas que posean pequeñas parcelas de tierras, bien sean propiedad del Estado o particulares, *previa indemnización a los anteriores propietarios.*

i. Adopción de una política financiera sana que resguarde la estabilidad de nuestra moneda y tienda a utilizar el crédito de la Nación en obras reproductivas.

j. Aceleración del proceso de industrialización y creación de nuevos empleos.

En dos puntos de este planteamiento hay que hacer especial insistencia.

PRIMERO:

La necesidad de que se designe desde ahora la persona llamada a presidir el Gobierno de la República, para demostrar ante el mundo que el pueblo cubano es capaz de unirse tras una consigna de libertad y apoyar la persona que reuniendo condiciones de imparcialidad, integridad, capacidad y decencia, pueda encarnar esa consigna. ¡Sobran hombres capaces en Cuba para presidir la República!

SEGUNDO:

Que esa persona sea designada por el conjunto de instituciones cívicas, por ser apolíticas estas organizaciones, cuyo respaldo libraría al presidente provisional de todo compromiso partidista dando lugar a unas elecciones absolutamente limpias e imparciales. Para integrar este frente no es necesario que los partidos políticos y las instituciones cívicas se declaren insurreccionales y vengan a la Sierra Maestra. Basta que le nieguen todo respaldo a la componenda electorera del régimen y declaren paladinamente ante el país, ante los Institutos Armados y ante la opinión pública internacional, que después de cinco años de inútil esfuerzo, de continuos engaños y de ríos de sangre, en Cuba no hay otra salida que la renuncia de Batista, que ya ha gravitado en dos etapas durante dieciséis años en los destinos del país, y Cuba no está dispuesta a caer en la situación de Nicaragua o Santo Domingo.

No es necesario venir a la Sierra a discutir, nosotros podemos estar representados en La Habana, en México o en dónde sea necesario. No es necesario decretar la Revolución: organícese el Frente que proponemos y la caída del régimen vendrá por sí sola, tal vez sin que se derrame una gota más de sangre.

Hay que estar ciegos para no ver que la dictadura está en sus días postreros, y que este es el minuto en que todos los cubanos deben poner lo mejor de su inteligencia y su esfuerzo.

¿Podrá haber otra solución en medio de la guerra civil con un Gobierno que no es capaz de garantizar la vida humana, que no controla ya ni la acción de sus propias fuerzas represivas y cuyas continuas burlas y rejuegos han hecho imposible por completo la menor confianza pública?

Nadie se llame a engaño sobre la propaganda gubernamental acerca de la situación de la Sierra. La Sierra Maestra es ya un baluarte indestructible de la libertad que ha prendido en el corazón de nuestros compatriotas, y aquí sabremos hacer honor a la fe y a la confianza de nuestro pueblo.

Nuestro llamamiento podrá ser desestimado, pero la lucha no se detendrá por ello y la victoria del pueblo, aunque mucho más costosa y sangrienta, nadie la podrá impedir. Esperamos, sin embargo, que nuestra apelación sea oída y que una verdadera solución detenga el derramamiento de sangre cubana y nos traiga una era de paz y libertad.

Firmantes: Raúl Chibás, Felipe Pazos, Fidel Castro.

Sierra Maestra, julio 12 de 1957.

¡Hasta un impedido mental es grande si se pone al servicio de los hombres! y siempre son pequeños los que buscan servirse de ellos. —M.S.

APÉNDICE

LA VIRTUD DE CALLAR
Por Miguel Sanfiel

Señores obispos de la Iglesia católica cubana:

Las cosas se toman teniendo en cuenta de quienes vengan: a un consejo acerca de la salud, dicho por un médico, cualquier persona de mediana inteligencia le pone oído y trata de seguirlo; pero si viene de un alguien sin conocimientos profundos de la materia, es arriesgado y sin tino darle importancia.

Siguiendo la línea de ese pensamiento, no he podido resistir la necesidad emocional y cívica de contestar a vuestra petición de que tanto los católicos de carrera, como los feligreses cubanos, oren por el restablecimiento de la salud del dictador-asesino Fidel Castro; y para que no hubiera ningún problema con la sucesión, orar también por la salud y la sabiduría de su hermano y secuaz Raúl Castro. Inclusive ha habido tiempo y energías para que el muy reverendo cardenal Jaime Ortega Alamino advirtiera a no sé quién, que Cuba jamás podría ser invadida o doblegada. Para mí este señor ha perdido la memoria o la dignidad, o ambas.

Imagino que antes de hacer esa declaración todos los obispos fueron consultados para tener su aprobación, lo cual significa que no solo el muy reverendo Jaime Ortega Alamino lleva el peso de tan reprobable petición. La Biblia dice "orad por vuestros enemigos, y por los que os ultrajan y os persiguen".

242

Esa es una frase hermosa y constructiva cuando se mira desde el punto de vista personal, pero cuando se lleva al plano político, a mi juicio, no tiene lógica ni sentido. Si ustedes, excelentísimos obispos, hubieran vivido el holocausto de Hitler ¿hubiesen orado para que Dios le diera una larga vida? ¿Para qué, con qué propósito? ¿Para que siguiera invadiendo naciones, para que continuara incinerando hombres, mujeres, y niños inocentes?

Fidel Castro tomó el poder por las armas en 1959 y se ha mantenido por ellas. Todos los ciclones y demás desastres naturales juntos no han causado tantas muertes y tanto dolor al pueblo cubano como estos 47 años en que, ya montado sobre el lomo de la república, la ha tratado como hacienda propia, y a sus conciudadanos como a esclavos, con un desprecio absoluto por sus vidas y su libertad de salir aún del territorio nacional huyendo de la fetidez de su régimen

Excelentísimos obispos: Orar por el restablecimiento de la salud de Fidel Castro, es una afrenta a los niños ahogados en el episodio del remolcador 13 de Marzo; es una afrenta a los pilotos de Hermanos al Rescate que fueron desintegrados en el aire; es una ofensa a los miles de fusilados y sus familiares, es una ofensa a los cerca de 2 millones de cubanos que han tenido que dejar su patria amada para buscar digno refugio en extranjero suelo; es una ofensa a los miles de presos políticos que están, o han extinguido larguísimas condenas, en las ergástulas castristas; es una ofensa para todos aquellos que han tenido la valentía y el decoro de no volverse lame botas del tirano; y en definitiva los pone a ustedes, excelentísimos obispos, en la categoría de "esbirros con sotana", como el mismo Castro les calificó al principio de su perversa Revolución.

"No os engañéis, todo lo que el hombre sembrare, eso también recogerá" -dice la Biblia-

Vosotros, con este acto de cobardía infinita, y de colaboración con el régimen, habéis sembrado una semilla venenosa que os habrá de perseguir por muchos años, como hoy todavía persigue a la Iglesia católica, Las Cruzadas, la Santa Inquisición y otras torpezas y maldades llevadas a cabo invocando el santo nombre de Dios.

Vosotros, excelentísimos obispos, también habéis apelado a la calma y la paz social. Eso para vosotros es fácil decir, pero para ese pueblo que lleva más de 4 décadas sufriendo los horrores del castro-comunismo, es -repito- una ofensa y una bofetada en pleno rostro

Os recomiendo, siguiendo la costumbre del confesionario, que hoy mismo comencéis a rezar muchos Padre Nuestro, muchas Ave María diarios, por el resto de vuestras vidas, y de esa manera -quizás- El Creador tenga misericordia de vosotros y no tengáis que pasar la eternidad junto a esos mismos que niegan la existencia de Dios, y están contra todo lo que significa Dios.

En esta coyuntura histórica, los que no tengan la valentía y el decoro de oponerse al continuismo del régimen, deben cuando menos aferrarse, como a la última tabla de salvación, a LA VIRTUD DE CALLAR.

Nosotros, los que nunca hemos estado de espaldas al dolor de nuestro pueblo, y hemos luchado en su defensa por diferentes vías, creemos que hoy, en esta encrucijada sombría de transferencia de poder, sin que el "heredero" aparezca por ninguna parte, y en que la salud o la muerte del tirano mayor es un "secreto de Estado", es deber nuestro unir esfuerzos de una forma concertada, y actuar con la premura necesaria, para evitar la consolidación en el poder de un individuo tan sanguinario y monstruoso como su predecesor.

Creemos interpretar el deseo del Exilio cubano en todo el mundo, y el de la mayoría del pueblo cubano en la isla, cuando expresamos que:
1-La sucesión sería una burla más y una imposición más a un pueblo maniatado y sometido a un modo de vida miserable desde que el totalitarismo castrocomunista se apoderó del Gobierno por medio de las armas, y la mentira sistematizada y universalizada se hizo ley.

2-Que los gobiernos de las naciones libres del mundo deben, como simple demostración de decoro propio y en apoyo a la democracia, no reconocer como legitimo en otro pueblo lo que en el suyo combatirían por considerarlo contrario al interés nacional y fuera de las normas más elementales de representatividad a que tienen derecho los pueblos.

3-Los países que conforman la OEA, y que por circunstancias que no entendemos o aprobamos, mantienen relaciones diplomáticas con Cuba, deben a la mayor brevedad posible suspender esas relaciones hasta que exista un Gobierno que respete las reglas y normas de ese organismo.

4-Instamos a la UE, como hemos pedido a la OEA, a que tome medidas que conduzcan a presionar el presente régimen cubano a que libere los presos políticos, permita la información en todas sus expresiones y permita los partidos políticos dentro de la isla, como medidas mínimas para continuar las relaciones al presente nivel, o arriesgarse a enfrentar drásticas sanciones.

5-Advertimos al Gobierno Venezolano que el futuro Gobierno democrático de Cuba no reconocerá la deuda financiera que el régimen comunista de Cuba contraiga de ahora en adelante, en su beneficio, con el presente Gobierno venezolano que con su apoyo irrestricto a mantenido a flote y aun afianzado a una dictadura podrida, y un Gobierno ilegitimo.

6-Exigimos a los inversionistas extranjeros en suelo cubano a retirar sus empresas de nuestra patria y no seguir siendo instrumentos de extorción a los trabajadores que, por necesidad imperiosa, tienen que laborar en esos centros donde reciben jornales de miseria.

7 -Pedimos a las Fuerzas Armadas cubanas que bajo ninguna circunstancias enfilen sus armas contra el pueblo, para que de ese modo no se manchen las manos de sangre, y puedan ser nuestro ejército en la nueva Cuba.

8-Exigimos a la policía; a las Brigadas de Respuesta Rápida; a los miembros del MININT; a los cabecillas de los grupos de actos de repudio; a los carceleros que golpean y humillan a nuestros gloriosos presos políticos; y a cualquier otra entidad represiva, que cesen y desistan de cometer actos ilegales e inhumanos contra sus conciudadanos.

9-Declaramos que es necesaria una marcha del Exilio en Miami y otras partes del mundo, para reafirmar nuestro apoyo al pueblo cubano que sufre y que sepan una vez más que no están solos y que nuestro único y perpetuo deseo es devolverle a Cuba la paz, la democracia y el avance social que merece y necesita.

EPÍLOGO

La desaparición del tirano es inevitable. Toda vida tiene su final; y aún existe la posibilidad de que sin finalizar su vida, el régimen que Fidel Castro representa y sustenta, podría, en cualquier momento, ser barrido por causas que hoy pueden parecer lejanas y poco probables, pero que de acuerdo a la experiencia, son posibles, y pudieran estar ya gravitando, como los planetas alrededor del Sol, sobre esa nebulosa difusa y gris conocida como la Revolución cubana

¿Quién hubiera pensado un año antes de la desaparición de la Unión Soviética que tal acontecimiento se produciría en cuestión de unos pocos meses? ¡Nadie! Ni el más audaz de los periodistas, agoreros, o miembros de los cuerpos de inteligencia de cualquiera y todas las naciones, pero... ¡pasó! Y pasó porque aun los más poderosos imperios, han tenido que ceder su trono al rey del tiempo y de los cambios; y Fidel Castro no es invulnerable a esas fuerzas prodigiosas y naturales. Además, hay un pueblo que sufre amargamente, y que, como la fiera herida, está arrinconada y sangrando, ¡pero todavía le quedan fuerzas para la envestida final!

Tengo fe en el futuro de Cuba, porque tengo fe en Dios y en mi pueblo. El cubano es un pueblo trabajador y progresista. Nuestro pecado está más en querer las cosas demasiado rápidas, que en ser un pueblo de holgazanes o desprevenidos, pues por esa inquietud innata del cubano, a veces nos damos a soluciones rápidas –como son los conflictos armados y las revoluciones– pensando que encontraremos en ellas las soluciones que debieron buscarse pacientemente y por medios más lentos, pero más seguros, como son la paz, el trabajo, y la reticencia política.

Creo que este infierno de 55 años, abrirá nuestros ojos, y adoptaremos quizás un poco de esa flema inglesa más fría y cavilada, que tan buenos resultado les ha dado.

Creo, además, que al fragor de estas décadas de combate con una tiranía implacable, se han forjado cientos de miles de mujeres y hombres estoicos y virtuosos, que serán en la Cuba futura un manantial de incalculable fuerza redentora y de reserva moral que, servirá como escudo y lanza, contra todo intento de ese enemigo voraz de los pueblos, que son las tiranías, de volverse a apoderar de esa tierra hermosa y prolífica; madre virtuosa de decenas de miles de mujeres y hombres verdaderamente extraordinarios, entre los cuales valga mencionar a ese maestro universal llamado José Martí, y ese otro patriota humilde y sencillo, nombrado Orlando Zapata.

Los pueblos se nutren de sus mártires como la planta de sus hojas muertas, y Cuba ha tenido muchos mártires en estas cinco décadas y un lustro; mártires que habrán de fertilizar el suelo patrio con todos los nutrientes necesarios para que de las cenizas que deja el comunismo, surjan vigorosos los pinos nuevos. Se ha sufrido mucho, pero sabemos que "sufrir es más que gozar, es ciertamente vivir"

¡Viva Cuba libre! Y que se cumpla en ella esa frase hermosa y sagrada y de nuestro apóstol: "Pongamos alrededor de la estrella, en la bandera nueva, esta fórmula del amor triunfante: "Con todos y para el bien de todos".

SÍNTESIS DEL LIBRO

El autor, en conjunción con otros escritores, trata los mayores temas de la problemática cubana, que indiscutiblemente también gravita en numerosos países de América Latina.

Se ha tenido esmero en que la lectura se haga fácil en una temática tan compleja como ha resultado ser ese proceso, que después de 58 años, decenas de miles de muertos, el empobrecimiento extremo de la ciudadanía, más de dos millones de exiliados esparcidos por todo el mundo, y el choque frontal con los Estados Unidos, todavía sigue inconmovible sin dar señales de cómo y cuándo ha de terminar.

El autor deja esclarecido que "éste no es un libro de análisis profundo, sino de narrativa"; y es primordialmente dirigido a los cubanos de intramuros, para que su lectura los informe de lo que la mayoría de ellos solo conoce a retazos o desconoce totalmente debido a la férrea censura que el régimen impone a toda información que no le beneficie o le haga lucir mal.

Quien lea este libro terminará teniendo una visión cabal de la Cuba real de 1959-2017.

ÍNDICE DE OTROS VOLÚMENES

NOTA: Se añaden los siguientes índices de los volúmenes de la serie EL LEGADO DE FIDEL CASTRO, para que el lector que esté interesado en ampliar sus conocimientos sobre Cuba, tenga información de dónde encontrarla fácilmente.

VOLUMEN III

VOLUMEN IV

LA INFRAESTRUCTURA GENERAL DE CUBA.
EL PRESIDIO POLÍTICO FEMENINO EN CUBA.
COMO FUE DESTRUIDA LA INDUSTRIA ARROCERA.
LA IGUALDAD RACIAL EN CUBA:
¿OTRA PROMESA INCUMPLIDA?
EL DAÑO ANTOPOLÓGICO.
LOS NUEVOS ENEMIGOS DE CASTRO:
EL EXILIO CUBANO.
LA DELACIÓN Y LA INDEFENSIÓN EN CUBA.
DE SOCIÓPATA A BUEN REVOLUCIONARIO.
CONTRA TODA ESPERANZA.
LA GUERRA EN ARGELIA.
APÉNDICES:
CARTA A M.C.M
CARTA AL SR. FERNÁNDEZ
EPÍLOGO
SÍNTESIS DEL LIBRO

VOLUMEN V

El "CASO ELIÁN".
CUBA: UN ANÁLISIS POLÍTICO Y SOCIAL ACTUAL.
SÍNTESIS DE LA OPOSICIÓN A CASTRO.
LOS ESPÍAS CUBANOS EN LOS ESTADOS UNIDOS.
LIBRARSE DEL MIEDO.
LA MASONERÍA EN CUBA.
ESTADO DE DERECHO Y LA ECONOMÍA EN CUBA.
LAS UMAPs.
El DETERIORO DE LA ECONOMÍA EN CUBA.
EL MIEDO EN CUBA.
LA EXPERIENCIA DE GUANTÁNAMO.
CARTA-RESPUESTA DE LOS CREYENTES LAICOS.
CUBA EN LA ECONOMÍA SOCIAL DE MERCADO.
EL CASTROCOMUNISMO EN CUBA.
APÉNDICE:
LOS DEBERES HUMANOS.
IDEARIO SOBRE JUSTICIA, LIB. DEMOC. Y POLÍTICA.
EPÍLOGO.
SÍNTISES DEL LIBRO.

VOLUMEN VII

EL COMITÉ PRO DERECHOS HUMANOS EN CUBA.
EL PRESIDIO POLÍTICO EN CUBA.
ANÁLISIS DEL SISTEMA INTERNO DE CUBA.
 LA SALUD MENTAL EN CUBA.
REFLEXIONES SOBRE LA IGLESIA EN CUBA.
HERMANOS AL RESCATE.
LOS NUEVOS ENEMIGOS DE CASTRO.
LOS DERECHOS DEL PERRO.
FUIMOS A CUBA.
EL PRESIDIO POLÍTICO EN CUBA.
LOS ALZAMIENTOS DEL ESCAMBRAY.
EL PERÍODO ESPECIAL.
LOS PUEBLOS CAUTIVOS.
VENCER EL MIEDO.
EL FUNESTO LEGADO DE CUBA A VENEZUELA.
ESCLAVOS POR CUENTA PROPIA.
EL CASTRISMO Y LA NIÑEZ EN CUBA.
SIN UNIDAD, NO HAY VICTORIA.
APÉNDICES:
CARTA ABIERTA DE P. L. DÍAZ LANZ AL PUEBLO DE CUBA.
RECOM. DEL COLEGIO DE PEDAGOGOS INDEP. DE CUBA.
EPÍLOGO
SÍNTESIS DEL LIBRO

VOLUMEN VIII

DATOS PERSONALES DE FIDEL CASTRO.
CONTRA TODA ESPERANZA.
LOS DERECHOS HUMANOS VS. EL PUEBLO CUBANO.
EL PARTIDO COMUNISTA CUBANO.
EL PERÍODO ESPECIAL.
LO QUE EL VIENTO SE LLEVÓ (PARTE I).
LO QUE EL VIENTO SE LLEVÓ (PARTE II).
LO QUE EL VIENTO SE LLEVÓ (PARTE III).
ANCIANOS CUBANOS: DESESPERANZA Y MUERTE.
LOS ACTOS DE REPUDIO.
COMENTARIOS SOBRE LA CARTA DE MUJICA A FIDEL CASTRO
MUERTO.
APÉNDICES:

LIBROS RECOMENDADOS

♦Las Guerras Secretas de Castro.
-Dr. Juan Benemelis
♦El Daño Antropológico y los Derechos Humanos en Cuba
–Virgilio Toledo.
♦Perfil Siquiátrico de Fidel Castro
–Dr. Julio Garcerán de Vall
♦Cómo llegó la Noche.
–Cmte. Huber Matos Benítez
♦Cuba Mito y Realidad.
–Dr. Juan Clark
♦El miedo en Cuba.
–Dr. Ramón Humberto Colás
♦Crisis y Esperanza
–Dr. Eugenio Yáñez
♦Contra Toda Esperanza
–Emb. Armando Valladares
♦Castro al Descubierto
–Dr. Efrén Córdova
♦ Memorias de un Combatiente
–Comt. Nino Díaz
♦Escambray: La Guerra Olvidada
-Enrique G. Encinosa
♦Usted Puede Confiar en los Comunistas…Para que se Comporten como Tales.
-Dr. Fred Schwarz

♦Cuba: Microbiografía de Fiscales Y Miembros de los Tribunales Revolucionarios.
–Cnel. Esteban M. Beruvides
♦Lucha en los Llanos de Cuba
–Agapito Rivera

♦Raúl Castro A la Sombra de Fidel
–Lissette Bustamante

DOCUMENTALES RECOMENDADOS

♦ Biografía de un Asesino
♦El Maleconazo

VIDEOS RECOMENDADOS

♦ Lucha tu yuca, Taino
♦ Jineteros y el Turismo en Cuba
♦ El Lado Oscuro de Cuba (I y II)
♦ El Turismo Sexual en Cuba
♦ Cuba las Reformas en las calles
♦ Lo que no se ve de La Habana Turística.
♦ Cuba: Niños en el paraíso

NOTA IMPORTANTE:

Como parte de la historia de Cuba y el legado de Fidel Castro. El autor está trabajando en un libro, sobre el designado sucesor y actual mandatario cubano Raúl Castro.
Saldrá a la luz próximamente, también estará disponible en Amazon.
¡Espérelo!

El deber no se delega ni se posterga, nunca. M.S.

www.ingramcontent.com/pod-product-compliance
Lightning Source LLC
Chambersburg PA
CBHW062134280526
45788CB00001B/165